I0605100

OUVRAGES DE CETTE SÉRIE

RÉDIGÉS ET PRÉSENTÉS PAR MARY-ALICE WATERS

En français, anglais et espagnol

Notre histoire s'écrit toujours
Armando Choy, Gustavo Chui et Moisés Sío Wong (2019)

Les Première et Deuxième déclarations de La Havane
(2007)

Cuba et la révolution américaine à venir
Jack Barnes (2001)

En anglais et en espagnol

Cuba et Angola : la guerre pour la liberté
Harry Villegas (2017)

Les femmes à Cuba : une révolution dans la révolution
Vilma Espín, Asela de los Santos et Yolanda Ferrer (2012)

Les Marianas au combat
Teté Puebla (2003)

De l'Escambray au Congo
Víctor Dreke (2002)

Che Guevara parle aux jeunes
(2000)

Faire l'histoire
Entretiens avec quatre généraux cubains (1999)

En anglais

Octobre 1962 : la crise des « missiles » vue de Cuba
Tomás Diez Acosta (2002)

Pombo : un homme de la guérilla du Che
Harry Villegas (1997)

Épisodes de la guerre révolutionnaire, 1956-1958
Ernesto Che Guevara (1996)

LA RÉVOLUTION
ET LA VOIE VERS LA PAIX EN COLOMBIE

La révolution *et la* voie vers la paix en Colombie

Fidel Castro

L'exemple de la Révolution cubaine

PATHFINDER

New York / Londres / Montréal / Sydney

Rédaction : Róger Calero et Mary-Alice Waters

Responsable de l'édition en français : Michel Prairie

ISBN 978-1-60488-214-8
Numéro de contrôle de la Bibliothèque du Congrès / Library of Congress Control Number 2025946175
Imprimé aux États-Unis
Manufactured in the United States of America

Première édition, 2025

CONCEPTION GRAPHIQUE DE LA COUVERTURE : Eva Braiman

PHOTO DE LA COUVERTURE : Fidel Castro et les combattants de l'Armée rebelle arrivent à La Havane le 8 janvier 1959. Les révolutionnaires venaient de défaire l'armée du dictateur Fulgencio Batista soutenu par les États-Unis et d'appeler à une insurrection populaire et à une grève générale, qui ont renversé le régime le 1er janvier.

L'Armée rebelle a traversé l'île de Santiago de Cuba à La Havane dans ce qui est connu comme la Caravane de la liberté. Fidel y a pris la parole dans les villes et les villages pour présenter le programme et les objectifs de la révolution à des centaines de milliers de travailleurs et paysans débordant de joie. « Ils doivent avoir le dernier mot sur toutes les questions », a plus tard dit Castro. (Granma)

PATHFINDER
pathfinderpress.com
Courriel : pathfinder@pathfinderpress.com

TABLE DES MATIÈRES

Photos et illustrations

Préface

RÓGER CALERO ET STEVE CLARK

La révolution et la voie vers la paix en Colombie présente les leçons politiques que Fidel Castro a tirées quand les dirigeants révolutionnaires cubains ont prêté leur concours aux efforts visant à mettre fin à un conflit armé qui durait depuis des décennies en Colombie. En 2008, cette guerre entre le gouvernement colombien et les Forces armées révolutionnaires de Colombie (FARC) et d'autres groupes de guérilla avait fait plus de 220 000 morts en plus de cinquante ans.

Les origines de ce conflit remontent à une période connue en Colombie comme « *La Violencia* », une sanglante lutte de factions de 1946 à 1958 entre le Parti libéral et le Parti conservateur, deux ailes de la classe dirigeante capitaliste. Après avoir été écarté du gouvernement pendant 16 ans, le Parti conservateur a remporté l'élection présidentielle de 1946. Le nouveau régime a rapidement déclenché une violente répression et des expulsions de terres visant les partisans du Parti libéral et d'autres opposants.

En 1948, Jorge Eliécer Gaitán, dirigeant de longue date du Parti libéral, a été assassiné, ce qui a déclenché une explosion populaire connue comme le *Bogotazo*. Par coïncidence, le jeune Fidel Castro se trouvait alors à Bogota pour une conférence étudiante latino-américaine et il s'est joint aux manifestations. Face aux attaques du gouvernement et des groupes paramilitaires, les partisans des Partis libéral et communiste actifs à la campagne ont chacun organisé des groupes d'autodéfense parmi les agriculteurs, les paysans sans terre et les travailleurs ruraux pauvres.

En 1954, les deux groupes de guérilla avaient commencé à opérer ensemble. En 1964, ils ont formé les Forces armées révolutionnaires de Colombie (FARC), dont le cours ultérieur sous la direction de Manuel Marulanda est l'objet d'une grande partie du présent ouvrage. Marulanda, dont le nom de naissance était Pedro Antonio Marín, avait dirigé les guérilléros du Parti libéral qui se sont joints à l'organisation fusionnée.

À la suite de la victoire révolutionnaire des travailleurs et des paysans à Cuba le 1er janvier 1959, des groupes de guérilla de différentes origines politiques se sont formés à travers l'Amérique latine pour renverser par la lutte armée des régimes capitalistes répressifs. À la fin des années 1960 et au début des années 1970, la plupart avaient été vaincus ou s'étaient dissous. Parmi les organisations de guérilla en Colombie, il y avait l'Armée de libération nationale (ELN), toujours active aujourd'hui, ainsi que le Mouvement du 19 avril (M-19), l'Armée populaire de libération (EPL) et le Mouvement armé Quintín Lame (MAQL).

Comme l'indique le titre du présent livre, les articles, lettres et autres écrits de Fidel Castro rassemblés ici reviennent de façon répétée sur les leçons de stratégie révolutionnaire de la Révolution cubaine, une révolution dont le cours et les cadres ont été forgés dans la lutte qu'il a dirigée politiquement :

- Comment les travailleurs et les paysans ont été organisés et dirigés dans le but de lutter pour conquérir le pouvoir

Présentation de *La paz en Colombia* [*La paix en Colombie*] à la Foire internationale du livre de Caracas au Venezuela, en novembre 2008. Parmi les hauts fonctionnaires du gouvernement vénézuélien présents, il y avait Nicolas Maduro (au centre, avec moustache) alors ministre des Affaires étrangères. Y ont pris la parole Abel Prieto (à gauche), ministre de la Culture de Cuba, et José Arbesú (à droite de Maduro sur la photo), qui y représentait le Comité central du Parti communiste de Cuba.

La publication du livre de Fidel Castro a suscité un intérêt international.

d'État à Cuba, ce qui a ouvert la voie à la première révolution socialiste dans les Amériques.

• Comment la moralité et l'internationalisme prolétariens qui ont guidé Fidel et les dirigeants cubains depuis le début ont été la pierre angulaire de leur cours politique, un cours qui s'appuyait sur la mobilisation révolutionnaire et la conscience de classe politique des travailleurs cubains.

• Comment ils ont donné un exemple aux travailleurs des Amériques et du reste du monde, y compris aux États-Unis.

• Et comment ce cours de l'Armée rebelle et du Mouvement du 26 juillet à Cuba contrastait totalement avec celui des FARC et des autres organisations de guérilla en Colombie.

Au coeur du présent livre, on trouve l'introduction et la postface de Fidel Castro à un recueil plus important : *La paz en Colombia* [La paix en Colombie], publié sous sa direction politique en 2008 par la maison d'édition cubaine Editora Política. Le livre de Fidel a suscité un intérêt mondial et a été lancé en novembre 2008 lors d'un évènement auquel ont assisté plus de cinq cents personnes pendant la Foire internationale du livre de Caracas au Venezuela.

En plus des textes centraux de Castro reproduits ici, certains chapitres de *La Paz en Colombia* qu'on ne trouve pas ici résument les écrits de Manuel Marulanda et d'autres dirigeants des FARC sur les origines et le cours politique de cette organisation. D'autres décrivent plusieurs initiatives prises par les dirigeants cubains au fil des ans pour aider le gouvernement colombien et les organisations de guérilla à négocier un terme à la guerre. Ils rapportent le contenu de discussions que les dirigeants du gouvernement et du Parti communiste cubains ont eues afin de faire avancer cet objectif avec des figures centrales des FARC, de l'ELN et du M-19, mais aussi avec les représentants du gouvernement colombien. D'autres éléments inclus par Castro dans *La Paz en Colombia* sont décrits plus loin dans cette préface, ainsi que par le dirigeant cubain dans son introduction et sa postface de 2008.

Le recueil des éditions Pathfinder, *La révolution et la voie vers la paix en Colombie : l'exemple de la Révolution cubaine*, commence avec un discours de Fidel Castro prononcé en 1958. Ce discours a été diffusé par Radio Rebelde, l'émetteur radio de l'Armée rebelle dans les montagnes de la Sierra Maestra à Cuba, pendant la guerre révolutionnaire visant à renverser la tyrannie de Fulgencio Batista que soutenaient les États-Unis. Castro y souligne comment les révolutionnaires traitaient de manière respectueuse et humaine les soldats des forces armées de Batista qui se rendaient ou qui étaient blessés et capturés par l'Armée rebelle. Cette conduite fait ressortir le bilan sans tache qui distingue la direction communiste de Cuba.

◆

Le présent recueil comprend également deux courts articles de Fidel Castro publiés en juillet 2008 dans *Granma*, le quotidien du Parti communiste de Cuba, et qui jettent les bases politiques de ce qu'il élabore dans *La Paz en Colombia*.

Fidel a écrit ces articles immédiatement après la libération par l'armée colombienne en juillet 2008 de quinze otages détenus par des guérilléros des FARC. Les otages libérés comprenaient Ingrid Betancourt, enlevée en 2002 alors qu'elle faisait campagne pour la présidence de la Colombie, onze soldats et policiers colombiens, et trois citoyens américains.

Castro a condamné une opération militaire brutale que le régime colombien avait menée trois mois plus tôt avec la complicité des États-Unis. Il a notamment attiré l'attention sur le bombardement par le régime « d'un camp en sol équatorien, où dormaient des guérilléros colombiens et de jeunes visiteurs de diverses nationalités ». Il a dénoncé « l'exécution des blessés et la saisie de leurs corps ». Ces actions, a-t-il dit, faisaient partie des efforts de Washington pour exploiter les enlèvements en Colombie et promouvoir ses intérêts impérialistes au Venezuela, en Bolivie et ailleurs dans les Amériques.

Castro a ensuite expliqué son désaccord de longue date avec le cours politique du chef des FARC, Manuel Marulanda, qui avait également été un dirigeant central du Parti communiste de Colombie jusqu'à la rupture des FARC avec le PC en 1993. Marulanda était mort quelques mois plus tôt en 2008.

Marulanda, a dit Castro, « concevait une lutte longue et prolongée », soulignant que le chef des FARC « a initié sa résistance armée voilà soixante ans ». C'était « un point de vue que je ne partageais pas », a ajouté Fidel. « Je n'ai jamais eu la possibilité d'échanger avec lui. »

Le PC colombien, a noté Castro, « était soumis comme tous les autres d'Amérique latine à l'influence du Parti communiste de l'Union soviétique, et non celui de Cuba ». Le PC colombien « ne s'est jamais donné pour objectif de conquérir le pouvoir par les armes ». La guérilla organisée par le PC était dès le départ « un front de résistance, non l'instrument fondamental de la conquête du pouvoir révolutionnaire comme ça s'est passé à Cuba ».

Sous la direction de Fidel Castro, l'Armée rebelle et le Mouvement du 26 juillet ont agi avec la conviction qu'une véritable révolution n'était possible qu'avec la participation massive des travailleurs et indépendamment de tous les partis bourgeois de Cuba. Fidel dirigeait une force de guérilla en plein essor — l'Armée rebelle, composée en grande majorité de travailleurs et de paysans exploités — pour vaincre les puissantes forces militaires et policières d'une dictature soutenue par Washington et pour établir un gouvernement populaire révolutionnaire. Le soutien des travailleurs et paysans à la lutte révolutionnaire s'est étendu dans les villes et les zones rurales de toute l'île. La chute du régime de Batista, le 1er janvier 1959, est survenue seulement deux ans après la première bataille de l'Armée rebelle.

En s'appuyant sur leur nouveau gouvernement révolutionnaire, les travailleurs, les paysans et les ouvriers agricoles ont commencé à se transformer en travaillant et en luttant côte à côte pour transformer les conditions sociales et les relations de propriété dans leur pays.

- Ils se sont mobilisés pour éradiquer l'analphabétisme en un an et ont mené une vaste réforme agraire.
- Ils se sont joints à des brigades volontaires pour construire les logements, les cliniques, les écoles et les services de garde dont ils avaient un urgent besoin.
- Ils ont formé des milices populaires pour défendre leurs gains politiques et sociaux contre les attaques organisées par les États-Unis.
- Devant l'agression croissante des capitalistes étrangers et nationaux, ils ont exproprié les usines et les plantations appartenant à des intérêts américains, puis celles des exploiteurs cubains.

- Dès leurs premiers jours au pouvoir, ils ont étendu leur solidarité à ceux qui luttaient contre l'oppression et l'exploitation impérialistes ailleurs dans le monde.

La révolution socialiste à Cuba a conduit au renouveau à une échelle de masse d'une direction marxiste et véritablement communiste, pour la première fois depuis la révolution bolchevique d'Octobre 1917 en Russie sous Vladimir Lénine.

Dans *La paz en Colombia*, Castro a également exprimé son désaccord profond avec la pratique des FARC de prendre des otages civils et avec le traitement qu'ils réservaient aux prisonniers. « On connaît mon opposition à la détention de prisonniers de guerre, à l'application de politiques qui les humilient ou les soumettent aux conditions extrêmement difficiles de la jungle [...]. Je n'étais pas non plus d'accord avec la capture et la détention de civils sans lien avec la guerre. »

Pendant la guerre révolutionnaire à Cuba, a écrit Castro, « nous remettions à la Croix-Rouge internationale les soldats et les officiers capturés à chaque bataille. » Sinon, a-t-il dit, aucun soldat des forces armées de l'ennemi de classe « ne se rendra jamais ».

La cohérence de ce cours politique est confirmée par deux lettres écrites par Fidel en 1983 et publiées pour la première fois dans son livre de 2008 dans un chapitre intitulé « La valeur des principes ». Ces lettres, reproduites ici, étaient adressées au président colombien Belisario Betancur et condamnaient l'enlèvement du frère de Betancur par l'Armée de libération nationale (ELN).

◆

Quatre ans après la publication de *La paz en Colombia*, les initiatives du gouvernement cubain ont conduit en novembre 2012 à l'ouverture de négociations entre les FARC et le régime colombien. Avec l'accord des deux parties, ces pourparlers se sont déroulés à La Havane sous l'égide des gouvernements cubain et norvégien, qui servaient aussi de garants.

Dans ses articles de *Granma* de juillet 2008, Fidel Castro a affirmé que la direction cubaine était « en faveur de la paix en Colombie ». De l'objectif d'instaurer « la paix véritable, même si aussi lointaine et difficile que bien d'autres objectifs de l'humanité. C'est l'option que Cuba a défendue durant trois décennies pour cette nation. »

En même temps, Fidel ajoutait : « Je n'appuierai jamais la paix romaine que l'empire aspire imposer en Amérique latine. » Pour cette raison, a-t-il souligné, il n'appelait pas les FARC à déposer les armes.

En 2016, le gouvernement colombien et les FARC ont signé un « Accord final pour mettre fin au conflit. »

Les négociations avec l'ELN ont été suspendues en 2019 par le président colombien Iván Duque. Repris en 2022 par le président nouvellement élu Gustavo Petro, les pourparlers ont à nouveau été suspendus par le gouvernement en janvier 2025 quand l'ELN a repris les combats.

Avec une hypocrisie impérialiste sans pareille, les dirigeants américains ont menti sur le rôle politique joué par le gouvernement cubain pour faciliter les négociations avec l'ELN. Et ils ont utilisé ce mensonge pour justifier l'intensification de leur campagne pour écraser l'exemple donné par les travailleurs et les dirigeants de Cuba en faisant une révolution socialiste. Depuis la victoire de la Révolution cubaine en 1959, ces attaques sans merci ont compris une agression militaire directe au cours des premières années, des activités terroristes ininterrompues par des groupes contre-révolutionnaires à partir du territoire américain et un embargo économique imposé depuis des décennies contre le gouvernement et le peuple de Cuba.

Cette politique a été appliquée par chacune des administrations américaines depuis 1959, aussi bien démocrates que républicaines, ce qui comprend celles de Donald Trump et de Joseph Biden. Dans le cadre de cette guerre politique, économique et diplomatique impitoyable, Washington a inscrit Cuba sur sa liste des « États soutenant le terrorisme ». Cette mesure scandaleuse impose des sanctions encore plus asphyxiantes, qui bloquent l'accès de Cuba au système bancaire et de crédit international et l'empêche ainsi d'importer des matières premières essentielles comme du carburant, des médicaments et des denrées alimentaires, ce qui aggrave considérablement les souffrances du peuple cubain.

Pour justifier le maintien du gouvernement cubain sur sa liste des « États soutenant le terrorisme », le gouvernement américain accuse cyniquement La Havane d'avoir refusé d'accéder à la demande du gouvernement Duque d'extrader les responsables de l'ELN qui s'étaient rendus à Cuba pour les négociations de paix. Les dirigeants cubains ont répondu que le faire constituerait une violation flagrante des protocoles convenus par toutes les parties. Le gouvernement norvégien, qui comme Cuba est l'un des quatre garants des pourparlers, a soutenu le refus de La Havane d'extrader les dirigeants de l'ELN.

En 2022, le gouvernement du président Gustavo Petro de Colombie a retiré la demande d'extradition et repris les négociations avec l'ELN. Le Congrès colombien a décerné au gouvernement cubain un prix pour ses efforts désintéressés en faveur de la fin du conflit armé. C'était un nouveau coup à l'accusation calomnieuse de Washington voulant que le gouvernement révolutionnaire de Cuba est un « État soutenant le terrorisme ».

Mais à ce jour, Cuba figure toujours sur la liste de Washington.

◆

La révolution et la voie vers la paix en Colombie : l'exemple de la Révolution cubaine se termine avec deux articles tirés des pages du *Militant*, un hebdomadaire socialiste publié à New York.

Le premier est une réponse à un article publié en 2008 par un universitaire américain bien connu, James Petras. De manière marquée, la polémique de Petras était intitulée « Fidel Castro et les FARC : huit thèses erronées de Fidel Castro ».

Le deuxième est un discours prononcé en 2023 à La Havane par Mary-Alice Waters, une dirigeante du Parti socialiste des travailleurs aux États-Unis, qui souligne la cohérence de principe pendant des décennies du cours communiste de Fidel Castro. Le titre de l'article illustre bien un thème qui revient tout au long du présent livre : « L'internationalisme prolétarien n'est pas seulement une politique étrangère, c'est l'expression de la révolution elle-même ».

« Si Fidel appartient avant tout au peuple travailleur de Cuba, dit Waters, il appartient aussi aux peuples opprimés et exploités du monde entier. »

◆

Pour aider les lecteurs de *La révolution et la voie vers la paix en Colombie*, une chronologie et un glossaire à la fin du livre permettent d'identifier les termes, les lieux, les individus et les dates des événements.

Lors de la préparation du livre de 2008, Fidel a décidé d'ouvrir *La paz en Colombia* par deux textes programmatiques fondamentaux de la révolution socialiste à Cuba datés de 1960 et 1962. « Dès les premiers jours », a-t-il écrit dans sa brève introduction au livre, « le peuple cubain s'est réuni dans des rassemblements de masse pour envoyer son message, dans la Première puis la Deuxième déclaration de La Havane, aux peuples frères d'Amérique latine ».

La Deuxième déclaration a été présentée par Fidel au cours d'un rassemblement de plus d'un million de personnes en février 1962. Des travailleurs et des paysans ont afflué de toute l'île à La Havane pour dénoncer les menaces proférées la semaine précédente contre la révolution par l'Organisation des États américains, qu'ils ont surnommée « le ministère Yankee des colonies ».

La conquête du pouvoir ouvrier est nécessaire non seulement à Cuba, a déclaré avec confiance la Deuxième déclaration, mais dans tous les pays des Amériques. « Ce qui unit » les classes dirigeantes capitalistes, c'est « la peur que les peuples pillés du continent arrachent les armes à leurs oppresseurs et se déclarent, comme Cuba, peuples libres des Amériques ».

« Le devoir de tout révolutionnaire est de faire la révolution », a affirmé la déclaration. Partout dans les Amériques, y compris aux États-Unis, et partout dans le monde.

Voilà ce dont parle ce livre. Avant tout, voilà le cours suivi par la Révolution cubaine et les millions de travailleurs qui l'ont faite et qui continuent à la défendre.

AVRIL 2025

Première partie

Pour les révolutionnaires, la victoire dans une guerre dépend d'un minimum d'armes et d'un maximum de valeurs morales

Fidel Castro,
sur les ondes de Radio Rebelde
19 août 1958

Pour les révolutionnaires, la victoire dans une guerre dépend d'un minimum d'armes et d'un maximum de valeurs morales

FIDEL CASTRO

Voici des extraits d'un communiqué transmis depuis les montagnes de la Sierra Maestra sur les ondes de Radio Rebelde, la station radio de l'Armée rebelle durant la révolution contre la tyrannie de Batista. On trouve la transcription complète du communiqué dans Fidel Castro, La contraofensiva estratégica *[La contre-offensive stratégique], publié en 2010 par l'Office des publications du Conseil d'État de Cuba.*

TOUS LES BLESSÉS et autres prisonniers ont été libérés sans aucune condition. Il peut paraître illogique de remettre en liberté des prisonniers ennemis en pleine guerre. Mais cela dépend de quelle guerre il s'agit et de comment on la conçoit.

Pendant une guerre, il faut avoir une politique vis-à-vis de l'adversaire, comme il faut en avoir une vis-à-vis de la population civile. La guerre n'est pas une simple question de fusils, de munitions, de canons et d'avions. C'est peut-être cette notion qui a été la cause de l'échec des forces de la tyrannie.

Cette phrase de notre apôtre José Marti a pu sembler simplement poétique quand il a dit : « Ce qui importe n'est pas le nombre d'armes à la main, mais le nombre d'étoiles sur le front. » Elle s'est avérée une profonde vérité pour nous.

Depuis le débarquement du *Granma*, nous avons adopté une ligne de conduite qui n'a pas changé sur le traitement de l'adversaire et nous l'avons appliquée rigoureusement. Il est possible qu'elle n'ait été appliquée de cette manière que peu de fois dans l'histoire.

Depuis le premier combat à La Plata, le 17 janvier 1957, jusqu'à la dernière bataille à Las Mercedes, dans les premiers jours du mois d'août [1958], nous avons eu en notre pouvoir plus de six cents membres des Forces armées sur le seul front de la Sierra Maestra.

Avec la fierté légitime de ceux capables de suivre une norme éthique, nous pouvons dire que, sans la moindre exception, les combattants de l'Armée rebelle ont respecté leur loi vis-à-vis des prisonniers. Jamais un prisonnier n'a été exécuté, jamais un blessé n'a été laissé sans soins.

Nous pouvons même dire davantage : jamais un prisonnier n'a été frappé. Et même plus : jamais un prisonnier n'a été insulté ou offensé.

Tous les officiers que nous avons capturés peuvent en témoigner : aucun d'entre eux n'a été soumis au moindre interrogatoire, par respect pour sa condition d'homme et de militaire.

Les victoires obtenues par nos armes — sans assassiner, sans torturer et même sans interroger un adversaire — démontrent que l'outrage à la dignité humaine ne peut jamais être justifié. Nous avons maintenu cette attitude pendant vingt mois de lutte et plus de cent combats et batailles. Elle parle d'elle-même sur la conduite de l'Armée rebelle. Aujourd'hui, alors que les passions se déchaînent, cette conduite n'a pas autant de valeur qu'elle en aura au moment d'écrire l'histoire de la révolution.

Suivre cette ligne maintenant que nous sommes forts n'est pas, humainement parlant, aussi méritoire que lorsque nous n'étions qu'une poignée d'hommes poursuivis comme des bêtes sauvages dans les montagnes abruptes. Ainsi, c'est lors des jours des combats de La Plata et d'Uvero [en janvier et mai 1957] que savoir respecter la vie des prisonniers a pris un profond sens moral.

Ceci n'aurait été rien d'autre qu'un simple devoir de réciprocité si les forces de la tyrannie avaient respecté la vie de leurs adversaires tombés en leurs mains. Mais tout rebelle, sympathisant de notre cause ou simple suspect tombé aux mains de l'ennemi était promis à la torture et à une mort certaine.

Dans plusieurs cas, des paysans malchanceux ont été assassinés pour augmenter le nombre des cadavres et permettre à l'état-major de la tyrannie de justifier ses rapports mensongers. Si nous pouvons affirmer que les 600 membres des Forces armées que nous avons capturés sont vivants et ont retrouvé leur famille, la dictature, elle, peut dire que plus de 600 compatriotes sans défense et, dans bien des cas, étrangers à toute activité révolutionnaire ont été assassinés par ses forces pendant ces vingt mois de campagne. Tuer ne rend personne plus fort.

Tuer les a rendus plus faible. Ne pas tuer nous a rendus plus forts.

Pourquoi n'avons-nous pas assassiné les soldats prisonniers ?

Premièrement, parce que seuls les lâches et les sbires assassinent un adversaire qui se rend.

Deuxièmement, parce que l'Armée rebelle ne peut pas recourir aux mêmes pratiques que la tyrannie qu'elle combat.

« Jamais un prisonnier n'a été exécuté, jamais un blessé n'a été laissé sans soins. Nous pouvons même dire davantage : jamais un prisonnier n'a été frappé, insulté ou offensé. »

Fidel Castro, Radio Rebelde, août 1958

COLLECTION ANDREW ST-GEORGE/ BIBLIOTHÈQUE DE L'UNIVERSITÉ YALE

GRANMA

En haut. Dans les montagnes de la Sierra Maestra, à l'est de Cuba, fin 1958. Les cliniques de l'Armée rebelle dans les zones libérées ont fourni des soins médicaux, sans distinction, aux paysans locaux, aux combattants rebelles et aux soldats blessés de l'armée de Batista.

En bas. Sierra Maestra, 1958. L'Armée rebelle remet à la Croix-Rouge des soldats de l'armée de la dictature qu'elle a capturés.

« Si je peux me permettre de suggérer quelque chose aux guérilleros des FARC, » a écrit Fidel en 2008, « c'est de faire savoir à la Croix-Rouge internationale qu'ils sont disposés à libérer les séquestrés et les prisonniers en leur pouvoir, sans la moindre condition. Je fais mon devoir en exprimant ce que je pense. »

GRANMA

AVEC LA PERMISSION DE JOSÉ RAMÓN FERNÁNDEZ

En haut. Avril 1961, près de Playa Girón sur la côte sud de Cuba. Des médecins des Forces armées révolutionnaires soignent un mercenaire capturé lors de l'invasion de la baie des Cochons, organisée par les États-Unis.

En bas. Avril 1961, Playa Girón. José Ramón Fernández (devant à gauche), commandant de la principale colonne des forces révolutionnaires qui ont mis en déroute l'invasion, marche à côté de mercenaires capturés. « L'Armée rebelle et les milices n'ont jamais tué ou torturé un prisonnier, a-t-il dit. C'est une question de principe dans nos forces armées, que Fidel a strictement exigée. »

Troisièmement, parce que la politique et la propagande de la dictature ont essentiellement consisté à présenter les révolutionnaires comme les ennemis jurés et implacables de tout homme qui revêt l'uniforme des Forces armées.

Par la tromperie et le mensonge, la dictature a essayé par tous les moyens de solidariser les soldats avec son régime en leur faisant croire que lutter contre la révolution, c'était lutter pour leur carrière et leur propre vie. Ce qui conviendrait à la dictature, c'est qu'au lieu de soigner les soldats blessés et de laisser la vie sauve aux prisonniers, nous les assassinions tous sans exception. Ainsi chaque membre des Forces armées se verrait obligé de se battre pour elle jusqu'à la dernière goutte de son sang.

Quatrièmement, parce que si dans toute guerre la cruauté est stupide, elle l'est encore plus dans la guerre civile où ceux qui luttent auront un jour à vivre ensemble, où les bourreaux rencontreront les enfants, les épouses et les mères de leurs victimes.

Cinquièmement, parce que face aux exemples honteux et déprimants donnés par les assassins et les tortionnaires de la dictature, il faut mettre de l'avant pour les générations futures l'exemple stimulant et édifiant donné par nos combattants.

Sixièmement, parce qu'il faut semer dès à présent les graines de la fraternité qui devra régner dans la future patrie que nous sommes en train de forger pour tous et pour le bien de tous. Si ceux qui se battent avec fermeté savent respecter la vie d'un adversaire qui se rend, personne ne pourra demain penser avoir le droit de pratiquer la vengeance et le crime politique en temps de paix.

S'il y a une justice au sein de la république, il ne peut y avoir de vengeance.

Pourquoi libérons-nous les prisonniers ? [...]

La victoire dans une guerre dépend d'un minimum d'armes et d'un maximum de valeurs morales. [...]

Un prisonnier en liberté constitue le démenti le plus catégorique à la propagande mensongère de la tyrannie. [...]

Je suis absolument certain que si un seul jour, au lieu de se combattre, tous les révolutionnaires et tous les soldats pouvaient se réunir et discuter, la tyrannie disparaîtrait instantanément et une paix longue et sincère verrait le jour pour de nombreuses années.

Deuxième partie

Réflexions de Fidel Castro

Des pages de *Granma*

L'histoire réelle et le défi des journalistes cubains

3 JUILLET 2008

HIER S'EST PRODUIT UN événement important, qui sera un sujet majeur au cours des prochains jours : la libération d'Ingrid Betancourt et d'un groupe de personnes qui étaient aux mains des FARC, le sigle de l'organisation appelée Forces armées révolutionnaire de Colombie.

Le 10 janvier de cette année, notre ambassadeur au Venezuela Germán Sánchez avait, à la demande des gouvernements vénézuélien et colombien, participé à la remise à la Croix-Rouge internationale de Clara Rojas, qui avait été candidate à la vice-présidence colombienne quand Ingrid Betancourt aspirait à la présidence et qui avait été enlevée le 23 février 2002. Membre de la Chambre des représentants et enlevée le 10 septembre 2001, Consuelo González a été libérée avec elle.

Un chapitre de paix s'ouvrait en Colombie, un processus que Cuba appuie depuis plus de vingt ans comme étant ce qui convient le mieux à l'unité et à la libération des peuples de notre Amérique. Il leur faut emprunter de nouvelles voies dans les circonstances complexes et spéciales du moment, après l'effondrement de l'URSS au début des années 1990 que je ne tenterai pas d'analyser ici. Ces circonstances sont très différentes de celles qu'avaient connues Cuba, le Nicaragua et d'autres pays dans les années 50, 60 et 70 du vingtième siècle.

Le bombardement au petit matin du 1er mars d'un camp en territoire équatorien où dormaient des guérilléros colombiens et de jeunes visiteurs de différentes nationalités — avec technologie yankee, occupation de territoire, exécution des blessés et saisie de leurs corps, dans le cadre du plan terroriste du gouvernement des États-Unis — a répugné le monde entier. [...]

Manuel Marulanda, paysan et militant communiste, chef principal de cette guérilla née voilà presque un demi-siècle, était toujours en vie. Il est mort le 26 de ce même mois.

Affaiblie et malade, Ingrid Betancourt et d'autres captifs en mauvais état de santé auraient pu difficilement résister plus longtemps.

Un sentiment d'humanité élémentaire nous fait nous réjouir qu'Ingrid Betancourt, trois citoyens nord-américains et d'autres captifs aient été libérés. Les civils n'auraient jamais dû être séquestrés ni les militaires maintenus si longtemps prisonniers en pleine forêt vierge. C'étaient des faits objectivement cruels. Aucune visée révolutionnaire ne saurait les justifier. Il faudra à un moment donné analyser à fond les facteurs subjectifs.

À Cuba, nous avons gagné notre guerre révolutionnaire en libérant les prisonniers immédiatement et sans aucune condition. Nous remettions à la Croix-Rouge internationale les soldats et les officiers capturés à chaque bataille et ne gardions que leurs armes. Aucun soldat ne les dépose s'il s'attend à la mort ou à un traitement cruel.

Nous observons avec inquiétude comment l'impérialisme tente d'exploiter ce qui s'est passé en Colombie pour occulter et justifier ses crimes et ses massacres horribles contre d'autres peuples, et pour faire oublier à l'opinion publique internationale ses plans interventionnistes au Venezuela et en Bolivie et la présence de la Quatrième Flotte, venue soutenir la ligne politique qui prétend liquider totalement l'indépendance des autres pays au sud des États-Unis et s'emparer de leurs ressources naturelles.

Ce sont là des exemples qui devraient éclairer tous nos journalistes. De nos jours, la vérité navigue sur des mers agitées. Les médias de masse sont aux mains de ceux qui menacent la survie humaine par leurs énormes ressources économiques, technologiques et militaires. Voilà le défi des journalistes cubains !

La paix romaine

5 JUILLET 2008

LES FAITS QUE J'UTILISE proviennent essentiellement des déclarations de l'ambassadeur des États-Unis en Colombie, William Brownfield, de la presse et de la télévision de ce pays, de la presse internationale et d'autres sources. L'étalage de technologie et de ressources économiques utilisées est impressionnant.

Alors que les hauts gradés colombiens insistent pour dire que l'opération de sauvetage d'Ingrid Betancourt a été intégralement colombienne, les autorités américaines déclarent : « Elle a été le résultat d'années de coopération militaire intense entre les armées de Colombie et des États-Unis. [...]

« "Le fait est que nous sommes arrivés à nous entendre d'une manière rarement atteinte du côté américain, à l'exception de nos vieux alliés, principalement de l'OTAN", a signalé Brownfield en faisant référence aux relations avec les forces de sécurité colombiennes qui ont reçu plus de quatre milliards de dollars en aide militaire depuis 2000. »

« À diverses occasions, le gouvernement des États-Unis a dû prendre des décisions au plus haut niveau dans cette opération. »

« Les satellites espions nord-américains ont aidé à localiser les otages durant une période d'un mois, qui a commencé le 31 mai et pris fin avec le sauvetage de mercredi. »

« Les Colombiens ont installé des équipements de surveillance vidéo télécommandés fournis par les USA, capables de prendre des vues rapprochées et panoramiques le long des cours d'eau, la seule voie de communication à travers la forêt vierge, ont indiqué les autorités colombiennes et nord-américaines. [...]

« Des avions de reconnaissance nord-américains ont intercepté les conversations des rebelles par radio et téléphone satellitaire, et utilisé de l'imagerie capable de pénétrer la frondaison de la forêt. [...]

« "Le déserteur [qui a soutenu l'opération] touchera une somme considérable provenant des près de cent millions de dollars de récompense offerts par le gouvernement", a déclaré le commandant général de l'armée colombienne. »

Le mercredi 1er juillet, la BBC de Londres a rapporté que César Mauricio Velázquez, secrétaire de presse de la Casa de Nariño [palais du gouvernement], a dit que des envoyés de Suisse et de France avaient rencontré Alfonso Cano, le chef des FARC.

Selon la BBC, ce serait là le premier contact que le nouveau chef acceptait avec des émissaires étrangers depuis la mort de Manuel Marulanda. Cette fausse information sur la réunion de deux émissaires européens avec Cano provenait de Bogotá.

Le leader décédé des FARC était né le 12 mai 1932, selon le témoignage de son père. Paysan libéral d'origine pauvre, partisan [du dirigeant libéral Jorge Eliécer] Gaitán, il a initié sa résistance armée voilà soixante ans. Il a été guérilléro avant nous, en réaction aux massacres de paysans commis par l'oligarchie.

Le Parti communiste, auquel il a adhéré plus tard, était soumis comme tous les autres d'Amérique latine à l'influence du Pari communiste de l'Union soviétique, et non de celui de Cuba. Il était solidaire de notre Révolution, mais non subordonné.

Ce sont les narcotrafiquants et non les FARC qui ont déclenché la terreur dans ce pays frère. Dans leur lutte pour le marché des États-Unis, ils ont fait exploser non seulement de puissantes bombes, mais même des camions bourrés de plastic qui ont détruit des installations, et ils ont tué ou blessé une quantité incalculable de personnes.

Jamais le Parti communiste de Colombie ne s'est donné pour objectif de conquérir le pouvoir par les armes. La guérilla était un front de résistance, non l'instrument fondamental de la conquête du pouvoir révolutionnaire comme ça s'est passé à Cuba. En 1993, à leur Huitième Congrès, les FARC ont décidé de rompre avec le Parti communiste. Leur chef, Manuel Marulanda, a pris la direction de l'organisation de guérilla de ce parti. Celle-ci s'était toujours caractérisée par un sectarisme hermétique au sujet de l'admission de combattants et par ses méthodes de direction cloisonnées et rigides.

Marulanda possédait une intelligence naturelle et des dons de dirigeant notables. Il n'a jamais pu faire d'études lorsqu'il était adolescent. On dit qu'il avait seulement complété cinq ans de primaire. Il concevait une lutte longue et prolongée, un point de vue que je ne partageais pas. Je n'ai jamais eu la possibilité d'échanger avec lui.

Les FARC se sont renforcées considérablement et ont fini par compter plus de dix mille combattants. Beaucoup sont nés durant cette guerre et ne connaissaient rien d'autre. D'autres organisations de gauche ont rivalisé avec les FARC dans la lutte. Le territoire colombien était alors devenu la plus grande source de production de cocaïne au monde. La violence extrême, les enlèvements, les impôts et les exigences des producteurs de drogues se sont généralisés.

Armées par l'oligarchie, les forces paramilitaires ont vu leurs rangs se nourrir de la grande quantité d'hommes qui faisaient service dans les forces armées et étaient démobilisés chaque année sans le moindre emploi assuré. Elles ont fini par créer en Colombie une situation si complexe qu'il n'existait plus qu'une seule issue : la paix véritable, même si aussi lointaine et difficile que bien d'autres objectifs de l'humanité. C'est l'option que Cuba a défendu durant trois décennies pour cette nation.

Tandis que les journalistes cubains discutent à leur Huitième Congrès des nouvelles techniques d'information, des principes et de l'éthique des communicateurs sociaux, je réfléchissais à ces événements.

J'ai clairement exprimé notre position en faveur de la paix en Colombie. Mais nous ne sommes pas en faveur de l'intervention militaire étrangère ni de la politique de force que les États-Unis prétendent imposer coûte que coûte, peu importe le prix à payer pour ce peuple travailleur qui a déjà tant souffert.

J'ai critiqué avec énergie et en toute franchise les méthodes objectivement cruelles de l'enlèvement et de la rétention de prisonniers en forêt vierge. Mais je ne suggère à personne de déposer les armes. Ceux qui l'on fait ces cinquante dernières années n'ont pas survécu à la paix.

Si je peux me permettre de suggérer quelque chose aux guérilléros des FARC, c'est tout simplement de faire savoir par n'importe quel moyen à la Croix-Rouge internationale qu'ils sont disposés à libérer les séquestrés et les prisonniers en leur pouvoir, sans la moindre condition. Je ne prétends pas qu'ils m'écouteront. Je fais mon devoir en exprimant ce que je pense. Toute autre attitude ne servirait qu'à récompenser la déloyauté et la trahison.

Je n'appuierai jamais la paix romaine que l'empire aspire imposer en Amérique latine.

« Je ne suggère à personne de déposer les armes. Et je n'appuierai jamais la paix romaine que l'empire aspire imposer en Amérique latine. Mais une paix véritable, même si difficile, est l'option que Cuba a défendue en Colombie durant trois décennies. » Fidel Castro, 2008

AVEC L'AIMABLE AUTORISATION DU PRÉSIDENT DU MEXIQUE

LA PAZ EN COLOMBIA/EDITORA POLITÍCA

En haut. La Havane, 23 juin 2016. Signature de l'« Accord pour mettre fin au conflit » par le président colombien Juan Manuel Santos et le chef des Forces armées révolutionnaires de Colombie (FARC) Rodrigo Lodoño (se serrant la main, à gauche et à droite). Aussi présents : le président cubain Raúl Castro (deuxième à partir de la gauche) et le ministre norvégien des affaires étrangères Borge Brende, dont les gouvernements se sont portés garants des négociations.

En bas. La Havane, janvier 2001. Les dirigeants cubains Fidel Castro et José Arbesú (deuxième à partir de la gauche) avec des commandants de l'Armée de libération nationale (ELN). Le gouvernement cubain a joué un rôle central en encourageant les pourparlers entre le gouvernement colombien et l'ELN.

Troisième partie

De *La paz en Colombia*

Fidel Castro

Introduction à *La paz en Colombia*

C'EST UN SUJET SUR LEQUEL j'ai promis d'écrire. Ce n'était pas facile de le faire. D'autres responsabilités ont accaparé mon temps. Aujourd'hui, je tiens ma promesse.

Mon analyse de [Manuel] Marulanda [dirigeant des Forces armées révolutionnaires de Colombie] et du Parti communiste de Colombie dans mes « Réflexions » du 5 juillet 2008 [voir pages 41 à 45] était-elle objective et juste ? Personne ne peut jamais garantir que son point de vue est dénué de subjectivisme. On court toujours le risque de paraître injuste. Quiconque affirme quelque chose doit être prêt à le démontrer et à expliquer pourquoi il le dit.

Mon désaccord avec la conception de Marulanda est basé sur l'expérience vécue, non pas en tant que théoricien, mais en tant que politicien qui a dû affronter et résoudre des problèmes très similaires, à la fois en tant que citoyen et en tant que guérilléro. Mais ses problèmes étaient plus complexes et difficiles.

Il serait erroné de penser que la Colombie et Cuba ont commencé dans des circonstances similaires. Nous partageons l'absence initiale d'une idéologie révolutionnaire, puisque personne ne naît avec elle, et d'un programme visant à réaliser la construction du socialisme plus tard. Je ne remets pas du tout en question l'intégrité de Marulanda ni celle du Parti communiste de Colombie. Au contraire, les deux sont dignes de respect parce qu'ils étaient des révolutionnaires et des combattants anti-impérialistes, une cause pour laquelle ils ont consacré des dizaines d'années de lutte. Je vais m'expliquer.

Lorsque le très respecté et populaire dirigeant [du Parti libéral] Jorge Eliécer Gaitán a été assassiné le 9 avril 1948, Pedro Antonio Marín, un paysan pauvre, s'est joint au mouvement de guérilla du parti. Il a ensuite adopté le nom de Manuel Marulanda en l'honneur d'un Colombien mort pendant la guerre de Corée. Il n'avait que 18 ans.

Il existe peu de témoignages sur sa vie, mais suffisamment pour satisfaire la curiosité d'un lecteur désireux d'obtenir de l'information et se faire une idée des faits. J'ai consulté diverses sources. Celui qui a le plus systématiquement parlé du célèbre guérilléro était l'historien colombien Arturo Alape, dont j'ai pu vérifier la rigueur de recherche grâce à mes relations avec lui. Il est improbable qu'un détail lui ait échappé. Il a rencontré Marulanda et les forces de la guérilla à plusieurs reprises. Il a vécu avec eux pendant des mois afin d'examiner minutieusement les motifs et les objectifs de leur difficile combat. Je peux attester de l'exactitude les informations qu'il fournit.

Mais ce n'est pas la seule source. Nous disposons des témoignages de Jacobo Arenas, un intellectuel et dirigeant communiste affecté par son parti au secteur paysan, une composante indispensable à la révolution en Colombie.

Le Parti communiste de ce pays frère, tout comme les autres partis communistes en Amérique latine, grands ou petits, étaient des membres disciplinés de l'Internationale [communiste] quand elle existait formellement. Ils suivaient la ligne du Parti communiste de l'Union soviétique. Durant les années de la Guerre froide, ils ont continué à être réprimés pour leurs idées. Les médias impérialistes et oligarchiques se sont acharnés sur eux.

L'avènement de la révolution à Cuba, sans aucun lien avec l'URSS mais basée sur les enseignements du marxisme-léninisme, a suscité des sentiments contradictoires sans être antagonistes. Dans notre patrie, nous les avons surmontés et nous avons forgé une unité, bien que non sans contradictions ni sectarismes, entre les militants et les sympathisants de l'ancien parti [Parti socialiste populaire] qui possédaient un niveau élevé d'éducation politique et des secteurs radicalisés de la petite bourgeoisie qui restaient imprégnés du spectre de l'anticommunisme.

Les victoires de l'Armée rebelle, comme les forces de la guérilla se sont d'abord appelées, ont été le facteur décisif dans la phase ultérieure de la révolution. Cette explication est inévitable afin de comprendre l'essence des relations de Cuba avec les révolutionnaires d'Amérique latine.

Ceux d'entre nous qui avons organisé le mouvement qui a tenté de prendre le pouvoir le 26 juillet 1953 [dans l'assaut de la caserne Moncada] avions une idée claire de nos objectifs et les faits le démontrent. Les combattants provenaient des milieux pauvres de notre peuple et aucun ne s'est opposé à nos intentions. L'ancien parti était notre ami, même avant cette attaque. Tous ceux qui ont combattu la tyrannie ont fini par contribuer à la cause commune.

À partir de l'expérience unique vécue sur la petite île située à 145 km des États-Unis, avec une base militaire [américaine] imposée sur son propre territoire, nous avons forgé nos propres points de vue concernant l'Amérique latine. Nous n'avions cependant pas le droit de nous ingérer dans les affaires intérieures de tout autre pays, à l'exception de l'impact inévitable des événements.

Malheureusement, ce sont les gouvernements des autres pays — à l'exception du Mexique, qui était encore sous l'influence de sa révolution sociale du début du vingtième siècle et du brillant rôle patriotique et anti-impérialiste de [son président] Lázaro Cárdenas — qui ont violé sous la pression des États-Unis les normes morales et les principes juridiques et se sont joints à l'agression contre Cuba. Ils ont profité de l'existence de la révolution cubaine pour obtenir des miettes de l'impérialisme. Si l'un d'entre eux résistait, il était renversé sans peine ni gloire.

Les États-Unis ont organisé des bandes armées et des groupes terroristes approvisionnés par air et par mer. Ces groupes ont posé des bombes et incendié des installations sociales et économiques — théâtres, garderies, usines, plantations de canne à sucre, entrepôts, grands magasins et autres cibles — tuant et mutilant des Cubains dans leurs actions traitres. Ils ont même torturé et assassiné des enseignants et de jeunes volontaires [de la campagne] d'alphabétisation.

Il ne s'agit pas d'une simple affirmation de ma part. Ces faits sont consignés dans les documents déclassifiés de la CIA. Un fait marquant, notoire et connu de tous est que, le 15 avril 1961, des avions portant de [faux] insignes cubains ont attaqué des avions de combat et des installations de notre force aérienne. Deux jours plus tard, des forces mercenaires ont débarqué à la baie des Cochons escortées par l'infanterie de marine et la marine de guerre américaine, dont un porte-avions. À l'exception du Mexique, qu'ont fait les gouvernements des pays de l'Amérique ? Ils ont soutenu les États-Unis dans leur guerre génocidaire contre le peuple cubain.

Plus tard, la CIA a largué des virus et des bactéries sur notre population et nos plantations. Qu'ont fait les gouvernements des pays frères ?

Le gouvernement américain a conduit le monde au seuil de la guerre nucléaire [en octobre 1962], parce qu'il refusait de renoncer à l'idée d'attaquer directement Cuba avec ses puissantes forces militaires. Cela aurait causé des chiffres incalculables en pertes en vies et en destructions car, comme chacun sait, le peuple cubain se serait battu jusqu'à la dernière goutte de sang.

Lors de l'invasion de la République dominicaine en avril 1965, les gouvernements d'Amérique latine ont encore soutenu les agresseurs.

Il n'est pas nécessaire d'en ajouter davantage pour comprendre que, pendant des décennies, cela a été le comportement des tyrannies militaires qui ont torturé, assassiné et fait disparaître des centaines de milliers de personnes dans cet hémisphère, avec la complicité et l'encouragement de l'empire.

Dès les premiers jours, le peuple cubain s'est rassemblé dans des ralliements de masse pour envoyer, dans les Première et Deuxième déclarations de La Havane, son message aux peuples frères d'Amérique latine. Ces expériences expliquent l'intérêt avec lequel nous avons suivi le développement des événements politiques dans tous les pays de notre Amérique.

J'ai révisé de nombreux rapports, notes et documents concernant la question colombienne, notamment des comptes-rendus des entretiens que nous avons tenus avec des personnalités qui ont visité Cuba et avec lesquelles nous avons eu des échanges approfondis sur la paix en Colombie.

En 1950, quand une guérilla communiste a pris contact avec lui, Marulanda était membre d'un groupe du Parti libéral formé de partisans de [Jorge Eliécer] Gaitán et composé, en partie, de membres de sa famille. Il avait évolué vers des positions proches des communistes, même s'il les critiquait pour leur formalisme militaire excessif et certaines tendances sectaires dans leurs conceptions de la lutte.

Notre idée de la guérilla comme embryon en développement d'une force capable de prendre le pouvoir ne se fondait pas seulement sur l'expérience cubaine, mais aussi sur celle d'autres pays d'Amérique latine. Dans chacun de ces pays, on supposait que la lutte serait menée par les pauvres, peu importe leur niveau d'éducation. Partout, ce niveau était très bas parmi les classes exploitées, ouvrière ou paysanne, ou encore parmi les simples journaliers ou même soldats.

En Amérique centrale, une région soumise à différentes époques aux interventions des flibustiers [aventuriers militaires pro-esclavagistes] ou des soldats US, presque tous les pays étaient gouvernés par des dictatures sanglantes au moment du triomphe de la Révolution cubaine. Sans exception, ils ont été complices et instruments de l'impérialisme contre Cuba.

Dans leur lutte, les groupes révolutionnaires étaient divisés au Nicaragua, au Salvador et au Guatemala. Tôt ou tard, les militants des partis communistes se sont joints à la lutte armée des paysans et de la petite bourgeoisie révolutionnaire. Dans tous ces groupes, avec leurs inévitables caractéristiques particulières, des tendances s'accrochant au concept d'une lutte excessivement prolongée sont apparues. Cuba a consacré ses efforts à la recherche de l'unité.

Les archives et les photos témoignent des moments historiques où cette unité a été atteinte.

Il y a eu des guérilléros qui ont perdu des années à planifier les triomphes pour les calendes grecques [une date qui n'arrive jamais]. C'est une conception qui ne nous a jamais effleuré l'esprit. Il est également vrai que les éternels défenseurs du capitalisme, dirigés par les services de renseignement yankees, ont semé des idées extrémistes dans l'esprit de certains révolutionnaires.

L'Amérique centrale a été le théâtre d'un choc d'idées. Je me souviens d'un exemple durant les années [du président James] Carter. Un de ses représentants qui a fait de nombreuses visites dans notre pays, Bob Pastor, s'est exclamé plus d'une fois lorsqu'il m'a rencontré et d'une manière qui semblait naïve : « Et pourquoi insistes-tu autant sur l'unité, l'unité, l'unité ? » Je riais dans ma barbe en observant la réaction allergique de ce jeune fonctionnaire américain à l'unité des Latino-Américains.

Carter était toutefois un président américain inhabituel. Il avait des principes éthiques enracinés dans sa foi religieuse et il n'a pas planifié d'assassiner Castro. C'est la raison pour laquelle je l'ai toujours traité avec respect. Sous sa présidence, [Omar] Torrijos a obtenu la souveraineté du canal, ce qui a évité un massacre que [George] Bush père a ensuite perpétré [lors de l'invasion américaine du Panama en 1989].

L'histoire de l'Amérique centrale exigerait un livre que peut-être quelqu'un écrira un jour. La révolution a triomphé au Nicaragua [en 1979], ce qui était synonyme d'espoir. [Le président Ronald] Reagan a lancé la sale guerre, qui a coûté des milliers de vies à ce pays. Sur le Vieux Continent, il a fait échouer le projet de gazoduc sibérien en complicité avec [la première ministre britannique Margaret] Thatcher et le reste de l'OTAN. Il a plongé l'URSS dans une crise irréversible et a liquidé le camp socialiste. Une situation entièrement nouvelle a été créée.

Il y a peu de temps, j'ai écouté Tarek William [Saab], un éminent poète vénézuélien aujourd'hui gouverneur de l'Anzoátegui, l'État pétrolier le plus riche du Venezuela. Il a donné à l'une de ses oeuvres sociales le nom de Roque Dalton, un poète prestigieux et un révolutionnaire, membre de l'ERP [Armée populaire révolutionnaire], assassiné dans d'étranges circonstances au Salvador *.

Avec douleur, il a nommé le présumé assassin. « Ça me fait beaucoup de peine, s'est-il exclamé, quand les Yankees l'envoient ici pour nous dire comment nous devons faire les choses au Venezuela. »

Je ne savais vraiment rien de l'acte honteux dont Tarek William accusait cet individu. J'avais connu ce dernier lorsqu'il était membre et dirigeant de l'ERP [salvadorien], une organisation révolutionnaire remarquable, combative et résolue, avec de magnifiques combattants du peuple. Les allusions à la mort de Roque Dalton semblaient être de simples calomnies. J'ai personnellement consacré des dizaines d'heures à lui transmettre des expériences, des idées, des tactiques et des principes de guerre. Il n'a pas hésité à les appliquer. Les unités de l'ERP ont combattu des bataillons salvadoriens entraînés aux États-Unis avec les techniques les plus avancées.

J'ai insisté auprès d'eux : n'exécutez pas les prisonniers, ne tuez pas les blessés. Surmontez ces pratiques stupides et stériles, sinon aucun d'entre eux ne se rendra jamais.

---

* Voir la chronologie : mai 1975.

Je dois ajouter que les armes avec lesquelles combattaient les révolutionnaires salvadoriens avaient été capturées à Saïgon et remises à Cuba par le Vietnam après la victoire. Comme nous le verrons au chapitre 9 [de *La paz en Colombia*], les militants révolutionnaires intégrés au Front Farabundo Martí pour la libération nationale (FMLN) [du Salvador] ont réalisé des exploits sans précédent dans les luttes de libération de l'Amérique latine, compte tenu du nombre d'hommes et de la capacité de tir des armes modernes.

Avec la disparition de l'URSS et du camp socialiste et la défaite électorale de la révolution nicaraguayenne à cause de la guerre sale et sanglante imposée par Washington, l'heure est venue pour les autres mouvements en Amérique centrale de prendre une décision. Ils m'ont demandé mon avis. « Vous seul pouvez décider, ai-je répondu, je sais seulement ce que Cuba ferait. »

J'ajouterais ici que le chef mentionné plus haut de l'ERP [Joaquín Villalobos] a reçu une bourse d'études à Oxford et y a étudié les sciences politiques et économiques. Selon ce qu'a raconté le gouverneur de l'Anzoátegui, il est maintenant conseiller yankee dans l'art de gouverner révolutionnairement.

Le peuple de Cuba a subi la disparition de l'Union soviétique sans abandonner. Il était prêt à se battre jusqu'au bout pour que, comme l'a dit Rubén Martínez Villena, ses enfants n'aient pas à mendier à genoux ce que leurs parents ont conquis debout.

Sur la base du matériel rassemblé et analysé, ce petit livre a vu le jour. Ses chapitres sont à peu près de longueur égale, bien que certains soient plus longs et d'autres plus courts. Nous ne voulions pas que la forme l'emporte sur le contenu. Il comprend des textes qui sont essentiels pour comprendre les problèmes soulevés. J'ai utilisé la méthode de choisir les idées de base telles qu'elles figurent dans les documents.

Rendre disponible les faits requis pour parvenir à des conclusions est un devoir pour ceux qui luttent réellement pour un monde meilleur et plus juste.

UPI/CORBIS-BETTMAN

AP IMAGES

« Les États-Unis ne sont pas les amis des peuples d'Amérique latine. Pendant plus d'un siècle, ils sont intervenus dans la région, se sont emparés de ses territoires, ont pillé ses ressources naturelles et attaqué sa culture. » Fidel Castro, 2008

En haut. Saint-Domingue, République dominicaine, mai 1965. Des travailleurs et des jeunes armés, dirigés par le colonel Francisco Caamaño (deuxième rang, à gauche, en pantalon blanc), se mobilisent pour résister à l'invasion de 24 000 soldats américains. Il faudra cinq mois aux forces américaines pour écraser le soulèvement populaire, qui a commencé lorsque des officiers militaires subalternes ont renversé la junte soutenue par les États-Unis.

En bas. Panama, 1959. Des étudiants réclament la fin de l'occupation américaine de la zone du canal. Le Panama a obtenu la souveraineté sur le canal en décembre 1999 après une lutte de plusieurs décennies.

Postface

LES RÉALITÉS OBJECTIVES dont a parlé [l'ancien président colombien] Belisario Betancur ont conduit [Andrés] Pastrana à faire ce qu'il ne souhaitait certainement pas faire lorsqu'il a accédé à la présidence de la Colombie pour un mandat de quatre ans, de 1998 à 2002.

Les États-Unis ne sont pas les amis des peuples d'Amérique latine. Pendant plus d'un siècle et demi, ils sont intervenus dans les affaires intérieures de la région, se sont emparés de ses territoires, ont pillé ses ressources naturelles, attaqué sa culture, imposé des échanges inégaux, saboté les tentatives d'unité depuis l'époque de l'indépendance, attisé les conflits entre nos pays et exploité les grandes différences qui existent parmi nos sociétés.

Les nations de l'Amérique latine ont connu des vagues d'inflation et des crises économiques tandis que d'autres régions du monde se sont développées. Malgré l'émigration, le nombre de personnes vivant dans l'extrême pauvreté n'a cessé de croître, tout comme le nombre d'enfants contraints de mendier dans les grandes villes.

Au cours des cinquante dernières années, les coups d'État militaires et les tyrannies sanglantes soutenus par les États-Unis ont entraîné la disparition, la torture et l'assassinat de centaines de milliers de personnes en Amérique centrale et du Sud. Les écoles militaires US ont formé putschistes et tortionnaires.

Malgré la gravité du crime commis contre la population des États-Unis avec l'attentat terroriste perpétré à New York le 11 septembre 2001 — sans tenir compte de la responsabilité par négligence du président [George W. Bush] ni des déficiences des forces de sécurité de son gouvernement — rien ne justifiait le soutien à la guerre déclarée par Bush contre « au moins soixante coins sombres du monde », parmi lesquels pourraient être inclus les pays latino-américains.

Pastrana, qui a souvent rencontré le commandant de la guérilla, a sans aucun doute constaté la différence entre la sincérité de Marulanda et le cynisme de Bush. La paix avec Bush et la guerre contre Marulanda sont des faits absolument contradictoires.

Le problème de la drogue, qui constitue aujourd'hui un fléau pour les peuples d'Amérique latine, trouve en réalité son origine dans l'énorme demande de stupéfiants aux États-Unis. Les autorités US n'ont jamais voulu le combattre énergiquement. Au contraire, elles ont assigné cette tâche uniquement aux pays où la pauvreté et le sous-développement poussent des masses de paysans à cultiver la feuille de coca ou le pavot plutôt que le café, le cacao ou d'autres produits sous-évalués sur le marché américain.

Ce n'est pas pour rien que [le dirigeant des FARC] Raúl Reyes a dit [au dirigeant cubain José] Arbesú que le département d'État américain avait pris contact avec les FARC, manifestant son intérêt à collaborer avec eux dans la lutte contre la drogue. « C'était la seule chose qui les intéressait », a affirmé Reyes.

Lorsque les États-Unis souhaitaient une telle « coopération », pouvons-nous ajouter, les FARC n'étaient plus des terroristes !

Marulanda préconisait la substitution de ces cultures par d'autres, accompagnée de programmes sociaux et de compensations financières. Avec grand réalisme, il ne voyait pas d'autres moyens de les éliminer.

C'est ce que Cuba a fait avec les cultures illicites lorsque la révolution a triomphé. Pendant de nombreux mois, alors que nous étions dans les montagnes, nous ne savions même pas à quoi ressemblait une plante de marijuana. Les rares personnes à en cultiver étaient les plus astucieuses pour se faufiler entre les lignes ennemies. Certains extrémistes de notre côté voulaient juger les responsables. J'ai recommandé d'attendre la fin de la guerre. C'est ainsi que ces cultures ont été éradiquées à Cuba, même si le problème n'était pas aussi grave et complexe qu'aujourd'hui en Colombie.

Raúl Reyes et Manuel Marulanda ne vivent plus. Ils sont morts au combat. L'un, dans une attaque directe avec de nouvelles technologies développées par les Yankees ; l'autre, de cause naturelle.

Je n'étais pas d'accord avec le chef des FARC sur le rythme qu'il attribuait au processus révolutionnaire en Colombie. Sur son idée d'une guerre excessivement prolongée. Sur sa conception de créer d'abord une armée de plus de 30 000 hommes dans le but de vaincre les forces terrestres adversaires dans une guerre irrégulière. C'était selon moi ni correct et ni possible à financer.

[Marulanda] a réalisé des choses extraordinaires avec des unités de guérilla qui, sous sa direction personnelle, ont pénétré profondément en territoire ennemi. Quand quelqu'un échouait dans l'accomplissement d'une mission similaire, il était toujours prêt à démontrer que c'était possible. Une fois, il a parcouru pendant deux ans la moitié de la Colombie avec une unité de quarante hommes.

En raison de leurs conceptions opérationnelles, les FARC n'ont jamais encerclé ni forcé à se rendre des bataillons entiers soutenus par l'artillerie, des unités blindées et des forces aériennes. C'est une expérience que nous avons eu l'occasion de connaître. Nous avons même vaincu des unités encore plus importantes de soldats d'élite. Ce n'est pas ce qui s'est passé avec les FARC, malgré la formidable qualité de leurs combattants.

On connaît mon opposition à la détention de prisonniers de guerre, à l'application de politiques qui les humilient ou les soumettent aux conditions extrêmement difficiles de la jungle. Avec de telles politiques, les soldats ne rendront jamais les armes, même si la bataille est perdue.

Je n'étais pas non plus d'accord avec la capture et la détention de civils sans lien avec la guerre. Je dois ajouter que les prisonniers et les otages nuisent à la capacité de manoeuvre des combattants. Cependant, j'admire la fermeté révolutionnaire dont Marulanda a fait preuve et sa volonté de lutter jusqu'à la dernière goutte de sang.

L'idée de se rendre n'a jamais effleuré l'esprit de ceux qui ont entrepris la lutte de guérilla dans notre patrie. C'est pourquoi j'ai écrit dans l'une de mes « Réflexions » que jamais un combattant véritablement révolutionnaire ne devrait déposer les armes. C'est ce que je pensais il y a plus de cinquante-cinq ans. C'est ce que je pense aujourd'hui.

J'ai consacré plus de quatre cents heures de travail intense à ce projet. Je l'ai révisé soigneusement à la suite des ouragans qui ont frappé Cuba avec une violence extrême. Je suis heureux de l'avoir fait. J'ai beaucoup appris. J'ai tenu ma promesse.

La valeur des principes

Nous reproduisons ci-dessous des extraits de deux lettres du président cubain Fidel Castro au président colombien Belisario Betancur reproduites dans *La paz en Colombia*. On les trouve dans le chapitre intitulé « La valeur des principes ».

Le 22 novembre 1983, le frère de Betancur, Jaime, a été enlevé par une unité de l'Armée de libération nationale (ELN). L'ELN était l'un des nombreux groupes de guérilla actifs à l'époque en Colombie. Fondée dans les années 1960 d'un rejet gauchiste de la Révolution cubaine, l'ELN avait une origine politique différente des Forces armées révolutionnaires de Colombie (FARC). Les ravisseurs de l'ELN menaçaient de tuer Jaime Betancur si le gouvernement n'accédait pas à plusieurs de leurs revendications, dont celle d'augmenter le salaire minimum national.

Dans ces lettres, Castro condamne l'enlèvement et réclame la libération immédiate de Jaime Betancur. Pour tenter de justifier leurs actions, les ravisseurs ont affirmé que l'ELN suivait « les thèses de la Révolution cubaine ». Dans sa deuxième lettre, Castro répond à cette fausse prétention. Le 6 décembre 1983, Jaime Betancur a été libéré par ses ravisseurs.

Le dirigeant cubain a pris cette initiative en dépit du fait que, deux ans plus tôt et sous la pression de Washington, le gouvernement colombien avait rompu ses relations diplomatiques avec La Havane. Ceux-ci n'ont été rétablis qu'en 1991.

Dans le même chapitre de *La paz en Colombia*, Fidel Castro fait des commentaires sur ses échanges avec les dirigeants des mouvements révolutionnaires du Nicaragua et du Salvador à la fin des années 1970 et au début des années 1980, ainsi que sur la collaboration internationaliste de Cuba avec le gouvernement révolutionnaire dirigé par Maurice Bishop sur l'île de la Grenade dans les Caraïbes. Dans toutes ces relations, dit-il, les dirigeants cubains ont appliqué « le même principe que nous avons suivi avec tous les mouvements révolutionnaires : respect absolu de leurs politiques, de leurs opinions et de leurs décisions. Et ne donner un point de vue sur une question que si on nous le demande. »

Fidel décrit en détail les événements qui ont détruit la révolution à la Grenade en octobre 1983. Il condamne le coup contre-révolutionnaire réalisé par une faction dirigée par Bernard Coard, où Maurice Bishop et d'autres dirigeants ont été assassinés et la population soumise à la loi martiale 24 heures par jour. Ces actes brutaux ont ouvert la porte une semaine plus tard à l'invasion de ce pays des Caraïbes par les États-Unis. Vingt-quatre volontaires internationalistes cubains ont alors perdu la vie en se défendant.

Les deux lettres de Fidel ont été rendues publiques par le bureau du président Betancur.

22 novembre 1983
À son Excellence Monsieur Belisario Betancur
Président de la République de Colombie

Monsieur le Président,
Nous sommes profondément touchés par la nouvelle de l'enlèvement de votre frère Jaime. Ces moments nous rappellent

l'intérêt que vous avez manifesté il y a quelques semaines pour faciliter le retour des volontaires cubains tués, blessés ou emprisonnés dans une lutte inégale mais héroïque contre les troupes d'invasion [américaines] à la Grenade.

À tout point de vue, nous considérons comme absolument injustifiable l'acte commis contre votre frère et contre vous, qui, en tant que président, avez fait preuve de nobles sentiments humanitaires et d'un intérêt sans équivoque pour la paix tant à l'intérieur qu'à l'extérieur de la Colombie. [...]

Comme révolutionnaire, j'ai toujours cru que l'éthique est un principe indispensable. Sans lui, même les causes politiques les plus justes et les plus pures peuvent être irréversiblement endommagées et souillées. À notre avis, cette action contre un membre de votre famille proche n'est ni éthique, ni politique, ni juste d'aucun point de vue. Le blesser physiquement ou lui ôter la vie constituerait un crime que personne agissant véritablement au nom des idéaux révolutionnaires ne saurait jamais commettre.

J'espère ardemment que ceux qui détiennent votre frère, s'ils sont motivés par des causes politiques et s'ils se considèrent comme des révolutionnaires, comprendront ces raisonnements et qu'ils respecteront pleinement l'intégrité physique de Jaime et le libéreront immédiatement.

Bien à vous,

Fidel Castro

Dans La paz en Colombia, *Fidel Castro explique pourquoi il a envoyé une deuxième lettre à Belisario Betancur publiée le 2 décembre 1983 et en cite des extraits :*

Peu après, une déclaration a été publiée au nom de l'ELN, réitérant ses exigences. C'était une réponse étrange, mais pas anti-cubaine.

En me rappelant les conséquences de l'extrémisme théorique défendu par les complices de l'invasion de la Grenade, j'ai envoyé un autre message au président Belisario Betancur, dont *Prensa Latina* a publié les extraits suivants :

> Je soupçonne que ce document est faux ou que des éléments d'autre type y sont mêlés ou influencent le cours des événements. Aucun groupe révolutionnaire n'a l'habitude d'exprimer ouvertement son soutien aux idées de la Révolution cubaine, et cela semble encore plus étrange à la suite des vives critiques de Cuba à l'égard de l'enlèvement de Jaime Betancur.
>
> Cuba ne se sent vraiment pas honorée et ne pourra jamais se sentir honorée par l'appui de ceux qui commettent de tels actes, dénués d'éthique et du plus élémentaire sens politique. [...]
>
> Je soupçonne que des forces d'un autre type et ayant d'autres motivations n'influencent les événements, soit directement ou indirectement, par infiltration au sein d'une organisation qui se considère comme révolutionnaire.
>
> Derrière ces événements se cache peut-être une grande provocation dirigée contre votre politique de paix, à l'intérieur et à l'extérieur de la Colombie. Et contre l'indépendance et la dignité assumées sous votre présidence et manifestées dans la politique internationale de votre pays, comme en témoignent votre adhésion au Mouvement des pays non alignés,

votre participation de premier plan au Groupe de Contadora en faveur de la paix en Amérique centrale, votre attitude et vos démarches à la suite de l'invasion de la Grenade.

En raison du caractère véritablement réactionnaire et négatif de cette action, tant pour la Colombie que pour le mouvement progressiste et révolutionnaire d'Amérique latine et des Caraïbes, peu importe les responsables, j'estime qu'il est approprié de dénoncer et de mettre en garde contre une telle possibilité.

De notre côté, par tous les canaux, nous faisons et ferons tout ce qui est en notre pouvoir pour protéger l'intégrité physique et la vie de votre frère.

Mon plaidoyer en tant que révolutionnaire ne peut atteindre que des personnes inspirées par des idées et des principes justes. Si tel est le cas, nous n'hésitons pas à assumer la responsabilité historique d'exiger des auteurs qu'ils rectifient leurs actes. Cela ne les déshonorerait en rien. Au contraire, ce serait même tout à leur honneur. Ce qui serait vraiment tragique et irréparable serait de persister dans cette erreur jusqu'à ses ultimes conséquences.

Le 6 décembre, Jaime Betancur a été libéré par le groupe qui le détenait.

Selon des sources fiables, on a appris par la suite que l'enlèvement était le résultat d'une action menée sans consulter la direction nationale par une unité urbaine de l'Armée de libération nationale.

La Direction nationale de l'ELN a rejeté l'action et ordonné le retour de l'otage. Les auteurs de l'action ont été expulsés de l'organisation.

Quatrième partie

Leçons de stratégie révolutionnaire tirées de la Révolution cubaine

Des pages du *Militant*

Vif débat sur une prise de position de Fidel

VED DOOKHUN

THE MILITANT, 25 AOÛT 2008

DEUX ARTICLES du dirigeant cubain Fidel Castro critiquant les Forces armées révolutionnaires de Colombie (FARC) ont provoqué un large débat. L'une des polémiques les plus vives contre le dirigeant cubain a été menée par James Petras, un universitaire radical américain, dans un article intitulé « Fidel Castro et les FARC : huit thèses erronées de Fidel Castro ». [Disponible en ligne sur globalresearch.ca, 11 juillet 2008.]

Petras accuse les deux articles de Fidel Castro publiés dans *Granma* les 3 et 5 juillet « d'avoir fourni des munitions aux médias impérialistes pour discréditer les FARC ». Il tente de répondre au dirigeant cubain en présentant une image glorieuse du groupe de guérilla.

« La stratégie de guérilla prolongée de Marulanda, écrit Petras, s'appuyait sur un travail d'organisation de base parmi les masses, s'appuyait sur des liens étroits entre les paysans et les guérilléros, sur la solidarité communautaire, familiale et de classe, et sur la construction progressive et méthodique d'une armée populaire politico-militaire nationale. » En revanche, dit-il, « les guérilléros de Castro ont été recrutés des organisations urbaines de masse ».

« Marulanda, soutient Petras, a construit sur une période de 40 ans une armée de guérilla plus importante, avec une base de masse plus grande que n'importe quelle autre force de guérilla inspirée de Castro entre les années 1960 et 2000. »

La lutte pour le pouvoir

Mais pour un révolutionnaire, le test n'est pas la taille de la force armée, mais la capacité de diriger le renversement révolutionnaire de la classe capitaliste au pouvoir. L'objectif des révolutionnaires cubains n'a jamais été de construire une armée de guérilla permanente. Il s'agissait d'amener les travailleurs et les paysans à s'emparer du pouvoir politique le plus rapidement possible et avec le moins de pertes possible.

Fidel Castro et l'équipe de dirigeants qui l'entouraient étaient bien conscients que les mouvements de guérilla à long terme, isolés de la classe ouvrière, peuvent dégénérer en banditisme.

Forgée dans le cours de la lutte à Cuba, l'Armée rebelle a développé des cadres qui ont été mis à l'épreuve dans la lutte et sont devenus plus homogènes, plus éduqués politiquement et plus disciplinés à mesure que la lutte avançait.

De plus, ceci ne pouvait se faire qu'en recrutant à l'Armée rebelle des travailleurs des villes et des paysans. Les révolutionnaires cubains n'ont jamais envisagé une lutte victorieuse pour le pouvoir menée par la seule paysannerie, en marge de la classe ouvrière.

Dans une récente série d'entretiens intitulée *Fidel Castro : biographie à deux voix*, Fidel Castro explique : « À nos yeux, la guérilla était le détonateur d'un processus dont l'objectif était la prise de pouvoir révolutionnaire et dont les points culminants étaient la grève générale révolutionnaire et le soulèvement de l'ensemble de la population ».

James Petras soutient que la tactique des FARC vis-à-vis des prisonniers était justifiée parce que le régime colombien faisait bien pire. « Les révolutions sont cruelles, dit-il, mais Fidel oublie que les contrerévolutions sont encore plus cruelles. »

La morale prolétarienne

L'approche hautement morale du Mouvement du 26 juillet à l'égard des prisonniers, les traitant avec respect et les libérant le plus rapidement possible, a été décisive dans la victoire de la révolution cubaine. « Aucun soldat ne déposera jamais ses armes s'il pense qu'il sera tué ou soumis à un traitement cruel », a écrit Castro.

Dans sa polémique contre Fidel Castro, Petras ne présente jamais de stratégie pour mener les travailleurs à arracher avec succès le pouvoir politique et économique des mains de la classe capitaliste en Colombie ou ailleurs. Au lieu de cela, il laisse entendre que la lutte de guérilla, non seulement « prolongée » mais permanente, est la seule voie logique.

Fidel Castro explique que les travailleurs n'ont pas à accepter cette impasse. Au contraire, les leçons de la révolution victorieuse à Cuba montrent la voie à suivre aux combattants, non seulement en Colombie mais dans le monde entier.

« À nos yeux, la guérilla était le détonateur d'un processus dont l'objectif était la prise de pouvoir révolutionnaire et dont les points culminants étaient la grève générale révolutionnaire et le soulèvement de l'ensemble de la population. »

Fidel Castro, 2006

LEE LOCKWOOD

GRANMA

En haut. La Havane, 1er janvier 1959. Alors que la grève générale s'étend, les travailleurs descendent dans la rue pour célébrer la victoire révolutionnaire.

En bas. Santa Clara, Cuba, 1er janvier 1959. Les forces de l'Armée rebelle dirigées par Ernesto Che Guevara célèbrent la libération de la ville, l'une des plus grandes de Cuba, alors que tombe la dictature de Fulgencio Batista.

En haut. Palma Soriano dans l'est de Cuba, 1er janvier 1959. Après la fuite du pays par Batista, Fidel Castro appelle sur les ondes de Radio Rebelde le peuple cubain à se joindre à l'insurrection de masse et à la grève générale.

En bas. La Havane, 2 janvier 1959. Rassemblement de travailleurs lors de la grève générale nationale. Cette mobilisation a contribué à l'échec des manœuvres d'officiers de Batista pour mettre en place une junte militaire. Sur la banderole la plus à gauche, on peut lire : « Vive la grève générale ! »

INSTITUT DE L'HISTOIRE DE CUBA

LEE LOCKWOOD

L'internationalisme prolétarien n'est pas seulement une politique étrangère, c'est l'expression de la révolution

MARY-ALICE WATERS

Les remarques qui suivent ont été présentées lors de la première Conférence internationale des publications théoriques des partis et mouvements de gauche, tenue à La Havane du 10 au 12 février 2023. Elles ont été publiées dans l'édition du 6 mars 2023 du Militant. *Mary-Alice Waters est membre de longue date du Comité national du Parti socialiste des travailleurs et présidente des éditions Pathfinder. Elle y aborde l'un des trois thèmes principaux de la conférence, « Fidel et la solidarité internationale ».*

LORSQUE NOUS RENDONS hommage à Fidel, nous rendons avant tout hommage au peuple travailleur de Cuba, aux hommes et aux femmes de José Martí et d'Antonio Maceo. Fidel ne faisait qu'un avec eux. Son plus grand accomplissement a été de forger dans la lutte des cadres révolutionnaires, des cadres communistes, capables de mener les travailleurs et les agriculteurs de Cuba à établir le premier territoire libre des Amériques et à le défendre avec succès pendant plus de six décennies.

Au cours des premières années de la révolution, Fidel a fièrement expliqué au monde entier comment les travailleurs

« Le plus grand accomplissement de Fidel a été de forger des cadres communistes capables de mener les travailleurs et les agriculteurs de Cuba à établir le premier territoire libre des Amériques. »

Mary-Alice Waters, février 2023

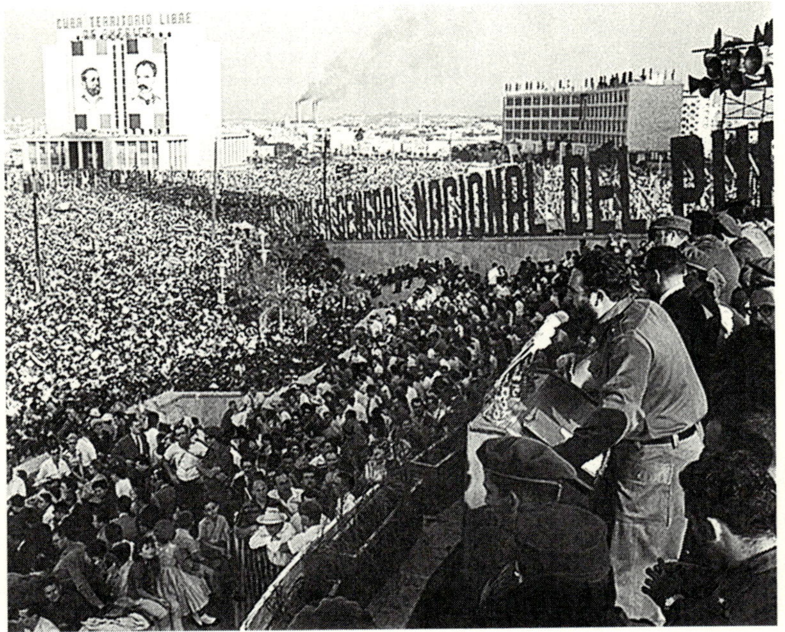

RADIO HAVANA CUBA

Fidel Castro présente la Deuxième déclaration de La Havane lors d'un rassemblement d'un million de personnes, le 4 février 1962. L'assemblée a adopté la déclaration. Celle-ci a ensuite été ratifiée par des centaines de milliers d'autres personnes dans les usines, les champs et les écoles. Les travailleurs cubains, affirme le manifeste, donne l'exemple dans les Amériques et le monde entier que « la révolution est possible ».

de Cuba l'avaient façonné et fait de lui ce qu'il est devenu. Moi aussi, a-t-il dit en 1964, j'ai appartenu à une organisation, en faisant référence au Mouvement du 26 juillet qu'il avait fondé en 1955 avec d'autres révolutionnaires. « Mais les gloires de cette organisation sont les gloires de Cuba, sont les gloires du peuple, sont les gloires de tous. Et un jour, j'ai cessé d'appartenir à cette organisation. »

Alors que la Caravane de la liberté traversait les villages et villes de Cuba dans les premiers jours de janvier 1959, a dit Fidel, le long de la route menant de Santiago à La Havane, « [j]'ai vu beaucoup d'hommes et de femmes, des centaines et des milliers d'hommes et de femmes avec les uniformes rouges et noirs du Mouvement du 26 juillet. Mais des milliers d'autres portaient des uniformes qui n'étaient pas noirs et rouges, mais les chemises de travail d'ouvriers, de paysans et d'autres hommes et femmes du peuple ».

C'est alors, a dit Fidel, que j'ai réalisé que « nous avions réellement accompli quelque chose de plus grand que nous ».

« Ils sont la force, la colonne vertébrale de la révolution ! Le poing, le bras, le muscle du peuple révolutionnaire, de la classe ouvrière, des paysans, des travailleurs ! »

Peuples de Cuba et du monde

Si Fidel appartient avant tout au peuple travailleur de Cuba, il appartient aussi aux peuples opprimés et exploités du monde entier. Sous sa direction, de l'Amérique latine et des Caraïbes, de l'Afrique et de l'Asie à l'Amérique du Nord et à l'Europe, les travailleurs cubains nous ont montré dans l'action ce que signifie l'internationalisme prolétarien.

Ils nous ont montré que l'internationalisme de la classe ouvrière au pouvoir n'est pas en premier lieu une politique étrangère. Il doit être un prolongement de la révolution elle-même, inséparable de sa force, voire de sa survie. Fidel l'a expliqué au peuple cubain avec une grande clarté en juillet 1976, dans les premiers jours de la mission internationaliste de Cuba pour aider les peuples d'Angola et de Namibie face à l'agression du régime d'apartheid d'Afrique du Sud et de ses promoteurs à Washington.

Pour reprendre les mots mémorables de Fidel, « Celui qui n'est pas prêt à se battre pour la liberté des autres ne pourra jamais se battre pour la sienne. »

Une quinzaine d'années plus tard, en mai 1991, Raúl [Castro] a clos ce chapitre de l'histoire, qui reste à tous égards le plus grand acte de solidarité internationale de Cuba. Cuba faisait alors face à certains des jours les plus difficiles de la révolution, la Période spéciale, précipitée par l'implosion du bloc soviétique et l'évaporation soudaine d'environ 85 pour cent des relations commerciales du pays. Dans le monde entier, les ennemis de Cuba jubilaient à l'idée que les jours de la révolution cubaine étaient, eux aussi, comptés.

En accueillant les derniers volontaires cubains de retour au pays, Raúl a dressé le véritable bilan : « Lorsque confrontés à des défis nouveaux et inattendus, nous pourrons toujours nous rappeler avec gratitude de l'épopée de l'Angola parce que sans l'Angola, nous ne serions pas aussi forts que nous le sommes aujourd'hui. »

Cette force a été décisive pour surmonter les défis de la Période spéciale.

La force morale de diriger

D'où vient la force morale de Fidel en tant que dirigeant du peuple travailleur de Cuba ? Sa capacité à le diriger pour accomplir les exploits épiques de la révolution socialiste cubaine ?

« Cuba a montré que l'internationalisme de la classe ouvrière au pouvoir n'est pas en premier lieu une politique étrangère. C'est le prolongement de la révolution elle-même. »

Mary-Alice Waters, février 2023

RICARDO LÓPEZ/GRANMA

JUVENTUD REBELDE

En haut. Cuito Cuanavale, Angola, mai 1988. Équipage de char composé d'Angolais et de Cubains après la victoire dans une bataille décisive. Plus de 400 000 volontaires cubains ont servi en Angola entre 1975 et 1991 pour aider à défendre l'indépendance du pays contre les invasions sud-africaines. « Celui qui n'est pas prêt à se battre pour la liberté des autres ne pourra jamais se battre pour la sienne », a dit Fidel Castro.

En bas. Guatemala, 1999. Le médecin cubain Carlos Díaz traverse une rivière en zone rurale. Il faisait partie des centaines de volontaires cubains qui ont apporté leur aide à l'Amérique centrale après la dévastation causée par l'ouragan Mitch.

Il nous a donné une partie de la réponse dans l'hommage qu'il a rendu à Ernesto Che Guevara en 1987, à l'occasion du vingtième anniversaire de la mort du Che au combat.

« Le Che croyait en l'homme », a dit Fidel.

« Et celui qui ne croit pas en l'homme, celui qui considère l'homme comme un petit animal incorrigible, capable d'avancer uniquement si on lui met de l'herbe devant le nez, ou une carotte, ou si on lui donne des coups de bâton — celui qui pense cela, celui qui croit cela ne sera jamais révolutionnaire. Celui qui pense cela, celui qui croit cela ne sera jamais socialiste. Celui qui pense cela, celui qui croit cela ne sera jamais communiste. »

Ce n'étaient pas des paroles en l'air. Fidel posait les fondements éthiques, la morale prolétarienne, notre morale, qui ont guidé tout au long de sa vie sa propre ligne de conduite et son exemple en tant que dirigeant. Les exemples et les témoignages à ce sujet sont innombrables.

Ne jamais tuer un prisonnier

« L'Armée rebelle et les milices n'ont jamais tué un prisonnier, torturé un prisonnier ni abandonné un seul soldat ennemi blessé », a expliqué José Ramón Fernández, commandant de la principale colonne des forces révolutionnaires qui ont mis en déroute l'invasion soutenue par les États-Unis à la baie des Cochons en 1961. « Ni pendant la lutte dans la Sierra, ni dans la lutte contre les bandits, ni à Girón.

« C'est une question de principe, d'éthique, dans nos forces armées, un comportement que Fidel a strictement exigé dès le début de la lutte révolutionnaire. »

« Dès le premier combat » dans la Sierra Maestra, dit Fidel dans l'interview de cent heures qu'Ignacio Ramonet a réalisée avec lui, « nos médicaments ont servi à traiter tous les blessés, les nôtres et ceux de l'armée » de Batista.

« Les soldats capturés », ajoute Fidel, « nous les laissions en totale liberté. [...] Notre politique, c'était invariablement le respect de l'adversaire. [...] Certains soldats se sont livrés jusqu'à trois fois, et par trois fois nous leur avons rendu la liberté. »

Dès le débarquement du *Granma*, souligne Fidel, la ligne de conduite a été « pas d'assassinat, pas de victimes civiles, pas de régime de terreur », pas « d'initiatives pouvant entraîner des pertes de vie innocentes. Cela ne figure à l'argumentaire d'aucune doctrine révolutionnaire. »

Il ajoute : « Il est impossible de gagner une guerre sur la base du terrorisme. C'est aussi simple que cela. C'est prendre le risque de rencontrer l'opposition, l'inimitié et le rejet de ceux dont on a précisément besoin pour gagner la guerre. » C'est pour cela qu'à la fin de la guerre, « nous avons eu le soutien de plus de 90 pour cent de la population. »

« C'est à nos yeux une philosophie, une morale : les personnes innocentes ne peuvent pas être sacrifiées. C'est pour nous, depuis toujours, un principe, presque un dogme. »

Fidel explique à Ramonet : « Les soldats de Batista allaient partout, volant, brûlant des maisons et tuant des gens. Les paysans voyaient bien que nous, en revanche, nous les respections, nous payions pour ce que nous consommions. »

« Comment aurions-nous pu gagner la guerre si ce n'est de cette manière ? »

Les familles des morts pendant la guerre

Teté Puebla a été la commandante adjointe du peloton féminin de l'Armée rebelle créé par Fidel et, plus tard, la première femme à atteindre le grade de générale dans les

Forces armées révolutionnaires de Cuba. Dans son récit, *Marianas en combate* [Les Marianas au combat], elle décrit comment ont été traités les mères, veuves et enfants des soldats de Batista morts au combat.

Les veuves n'étaient pas responsables « des meurtres commis par l'armée de la dictature », dit-elle. « Nous leur avons donc accordé la même attention. [...] À l'ouverture d'une école avec certains de ces enfants, nous ne pouvions dire qui étaient leurs parents. Les seuls qui savaient étaient ceux qui en étaient responsables. C'est ainsi que nous avons protégé ces enfants. » Aujourd'hui, ils font partie de la révolution. « Les veuves et les mères des membres de l'armée de Batista reçoivent une pension. »

« Nous nous identifions à tous les peuples du monde qui luttent contre la misère et la faim », a dit Teté. « Ces principes de la révolution sont la base morale de notre lutte. »

La valeur d'une vie humaine

En tant que commandant en chef des Forces armées révolutionnaires, Fidel ne se préoccupait pas seulement du bien-être physique de ses combattants et des soins à apporter aux blessés. Il se préoccupait de leur santé mentale, de leur humanité.

Harry Villegas, connu dans le monde entier sous le nom de guerre de Pombo que lui avait donné le Che alors qu'il combattait à ses côtés au Congo en 1965, a assuré pendant plus de cinq ans la liaison entre le haut commandement cubain en Angola et le poste de commandement spécial des Forces armées révolutionnaires à La Havane, que dirigeait Fidel. Dans son livre *Cuba y Angola : La guerra por la libertad* [Cuba et Angola : la guerre pour la liberté], il relate un exemple révélateur de la vigilance de Fidel envers la conduite morale des internationalistes cubains pendant la mission en Angola — non seulement leurs actions, mais aussi la perception de ces actions.

« Il y a eu un incident où un pilote cubain a largué par erreur des bombes sur une maison dans un *quimbo*, un hameau, et des civils ont été tués », raconte Pombo. « Fidel a insisté pour que le pilote soit jugé en Angola selon les lois de ce pays. [Le président angolais Agostinho] Neto a déclaré que cela n'avait pas été fait délibérément et le pilote n'a pas été poursuivi. »

Néanmoins, poursuit Pombo, « Fidel a donné l'ordre de retirer le pilote de la guerre. Il a dit que la guerre influence la psychologie d'un être humain. Votre interaction avec la mort peut commencer à diminuer la valeur que vous accordez à la vie ; vous commencez à vous habituer à la mort.

« Fidel cherchait par tous les moyens à nous empêcher de nous déformer psychologiquement et de nous transformer en personnes pour qui la vie n'a aucune valeur. »

Pas de crime au nom de la révolution

Ces mêmes fondements moraux sous-tendent l'indignation, et l'amertume, que Fidel a exprimées en apprenant l'assassinat en 1983 de Maurice Bishop, le dirigeant central du gouvernement révolutionnaire de l'île de la Grenade dans les Caraïbes orientales. Au cours d'un coup d'État contre-révolutionnaire fomenté par une faction stalinienne dirigée par Bernard Coard, Bishop et d'autres dirigeants révolutionnaires ont été assassinés par des soldats agissant sur ordre de la clique de Coard. Des travailleurs et des jeunes qui étaient descendus en masse dans les rues pour défendre la révolution ont également été tués.

« Aucune doctrine, aucun principe ou position présentés comme révolutionnaires, aucune division interne ne

IMAGES GETTY

« Aucun crime ne peut être commis au nom de la révolution et de la liberté ».

Fidel Castro,
20 octobre 1983

FLAX HERMES/MILITANT

En haut. Maurice Bishop, principal dirigeant de la révolution de la Grenade, et Fidel Castro lors du rassemblement du 1er mai 1980 à La Havane.

En bas. Saint-Georges, Grenade, 1er mai 1980. Des médecins, travailleurs de la construction et autres volontaires cubains en service à la Grenade participent au rassemblement du 1er mai. Les dirigeants cubains ont apporté une aide internationaliste sans condition pendant la révolution de 1979-1983 dans ce pays.

Le 19 octobre 1983, Maurice Bishop et cinq autres dirigeants de la révolution grenadienne ont été assassinés sur ordre d'une faction de la direction dirigée par Bernard Coard. Le coup d'État a détruit la révolution et donné une ouverture à Washington pour envahir le pays six jours plus tard.

« Aucune doctrine présentée comme révolutionnaire ne justifie des actes aussi atroces que l'élimination physique de Bishop et du remarquable groupe de dirigeants qui ont été tués », a déclaré Fidel Castro le lendemain.

justifient des actes aussi atroces que l'élimination physique de Bishop et du remarquable groupe de dirigeants honnêtes et dignes qui ont été tués hier », a déclaré Fidel le lendemain de l'attentat.

« Aucun crime ne peut être commis au nom de la révolution et de la liberté. »

Ce sont les mêmes principes qui ont conduit Fidel, en 2008, à condamner publiquement le cours de la direction de Manuel Marulanda des Forces armées révolutionnaires de Colombie (FARC) pour avoir kidnappé et retenu des civils en otage, parfois pendant des années, dans les conditions extrêmement dures de la jungle. « C'était des faits objectivement cruels », a écrit Fidel dans un article publié le 3 juillet 2008. « Aucune visée révolutionnaire ne saurait les justifier. »

C'est ce même fondement moral qui a conduit Fidel, en 2010, non seulement à reconnaître les aspirations nationales du peuple palestinien, mais aussi à condamner sans équivoque le déni de l'Holocauste proféré par le président iranien de l'époque, Mahmoud Ahmadinejad.

« Je ne pense pas que quelqu'un ait été plus calomnié que les Juifs », a déclaré Fidel dans une interview largement diffusée. Les Juifs ont « vécu une existence beaucoup plus dure que la nôtre. Il n'y a rien de comparable à l'Holocauste ».

« Sans l'ombre d'un doute », a déclaré Fidel en réponse à une question, l'État d'Israël a le droit d'exister.

◆

Je terminerai par un dernier exemple.

L'un des plus grands moments où Fidel a exercé son leadership international a eu lieu en 1979, lorsqu'il s'est adressé à l'Assemblée générale des Nations unies à New

York au nom du Mouvement des pays non alignés, dont il venait d'assumer la présidence.

« Je ne suis pas venu parler de Cuba », a-t-il déclaré aux délégués.

« Je ne suis pas venu dénoncer devant cette assemblée les agressions dont notre petit mais honorable pays fait l'objet depuis vingt ans. Je ne suis pas non plus venu offenser par des adjectifs inutiles notre puissant voisin dans sa propre maison », a-t-il ajouté.

« Je parle au nom des enfants qui dans le monde n'ont même pas un morceau de pain. »

Dans la bouche de beaucoup, ces paroles auraient eu l'air d'une rhétorique creuse et mielleuse. Dans celle de Fidel, elles résumaient le cours de sa vie.

CHRONOLOGIE

1930-1946 – Le Parti libéral domine le gouvernement colombien jusqu'à la victoire du Parti conservateur en 1946.

1948, 9 avril – L'assassinat de Jorge Eliécer Gaitán, un dirigeant populaire du Parti libéral, déclenche un soulèvement urbain connu sous le nom de *Bogotazo*. Le jeune Fidel Castro se joint aux manifestations. Il se trouve par hasard à Bogota pour une conférence étudiante. S'ensuit une dizaine d'années de guerre civile entre les Partis libéral et conservateur, qui font des dizaines de milliers de victimes. La direction du Parti libéral organise des groupes de guérilla dans les régions sous son influence.

1949, octobre – Devant la répression gouvernementale, le Parti communiste de Colombie organise des groupes d'autodéfense dans des régions rurales, où ils coopèrent avec les guérilléros du Parti libéral.

1952, mars – À Cuba, un coup d'État mené par Fulgencio Batista, homme fort de l'armée, renverse le gouvernement de Carlos Prío Socarrás et annule les élections qui devaient bientôt avoir lieu. Fidel Castro commence à organiser un mouvement révolutionnaire pour renverser la dictature soutenue par les États-Unis.

1953, 26 juillet – Quelque 160 révolutionnaires menés par Castro attaquent la caserne de la Moncada à Santiago de Cuba et la garnison voisine de Bayamo. Bien que défaite, l'action amorce la lutte révolutionnaire contre la dictature de Batista.

Octobre – La plupart des guérilléros dirigés par le Parti libéral acceptent l'amnistie générale offerte par le gouvernement colombien. Les groupes dirigés par Pedro Antonio Marín (Manuel Marulanda) et le Parti communiste refusent de déposer les armes.

1954 – Les guérilléros dirigés par Marulanda et le PC établissent une enclave rurale dans le centre de la Colombie, connue sous le nom de « République de Marquetalia ». Celle-ci dure une décennie.

1955, mai – Une campagne d'amnistie nationale fait libérer de prison Fidel Castro et d'autres combattants de la Moncada. Castro dirige l'unification de plusieurs groupes révolutionnaires pour former le Mouvement du 26 juillet. En juillet, il se rend au Mexique avec d'autres combattants pour préparer la prochaine étape de la lutte révolutionnaire.

Décembre – À Cuba, 200 000 travailleurs de la canne à sucre déclenchent une grève nationale pour protester contre des baisses de salaire. Les travailleurs et leurs partisans prennent brièvement le contrôle de villes du centre du pays.

1956, 2 décembre – Sous la direction de Fidel Castro, 82 membres du Mouvement du 26 juillet arrivent du Mexique à bord du yacht *Granma* et débarquent sur la côte sud-est de Cuba pour entamer une guerre révolutionnaire contre le régime de Batista. L'Armée rebelle est née.

1958 – Les Partis libéral et conservateur de Colombie forment un gouvernement de partage du pouvoir et alternent tous les quatre ans pour tenter de maintenir un régime capitaliste stable. Ce système dure jusqu'en 1974.

Janvier – Une rébellion populaire à Caracas au Venezuela renverse la dictature de Marcos Pérez Jiménez.

1959, 1er janvier – Batista fuit Cuba face à la prise imminente de Santiago de Cuba par les forces de l'Armée rebelle commandées par Fidel Castro et de Santa Clara par les unités dirigées par Ernesto Che Guevara. Les travailleurs répondent à l'appel de Castro et déclenchent une insurrection et une grève générale dans toute l'île.

8 janvier – Sous la direction de Fidel Castro, la « Caravane de la liberté » composée de combattants de l'Armée rebelle arrive à La Havane. Au cours de sa traversée de l'île, la caravane s'arrête dans une ville après l'autre pour s'adresser aux travailleurs désireux de rencontrer les « hommes de la Moncada » et de célébrer la victoire avec eux. Castro explique que cette victoire est celle des travailleurs et des paysans cubains, réalisée par eux et pour eux.

1960, août – Face à l'agression économique croissante des États-Unis, le gouvernement révolutionnaire cubain nationalise les principales entreprises américaines. Les travailleurs s'organisent dans leur lieu de travail pour combattre le sabotage économique des patrons.

2 septembre – Un million de Cubains se rassemblent pour adopter le manifeste révolutionnaire connu sous le nom de Première déclaration de La Havane.

1961, 1er janvier – Début d'une campagne d'alphabétisation à Cuba. Quelque 250 000 volontaires apprennent à lire et à écrire à plus de 700 000 adultes. À la fin de l'année, Cuba devient « Territoire libre de l'analphabétisme ».

Avril – Des mercenaires organisés par les États-Unis envahissent Cuba à la baie des Cochons. En moins de 72 heures, les forces armées révolutionnaires, la police nationale révolutionnaire et les milices populaires leur infligent une défaite et les font prisonniers à Playa Girón.

1962, 3 février – L'administration de John Kennedy décrète un embargo total du commerce des États-Unis avec Cuba.

4 février – Un rassemblement d'un million de personnes à La Havane dénonce l'embargo économique américain et proclame la Deuxième déclaration de La Havane, un appel à soutenir les luttes révolutionnaires dans l'ensemble des Amériques.

Octobre – Kennedy ordonne un blocus naval de Cuba, exige le retrait de missiles nucléaires fournis par l'Union soviétique pour défendre l'île et prépare une invasion du pays, poussant le monde au bord d'une guerre nucléaire. Des millions de Cubains se mobilisent pour défendre leur révolution socialiste et repoussent les menaces américaines. Cet épisode est connu aux États-Unis comme la « Crise des missiles de Cuba ».

1964, mai – L'armée colombienne lance l'opération Marquetalia contre les guérilléros dirigés par Manuel Marulanda et les cadres du Parti communiste. Cette même année, les survivants de la guérilla se regroupent et forment ce qui devient les Forces armées révolutionnaires de Colombie (FARC), bras armé du Parti communiste. Marulanda et Jacobo Arenas, un dirigeant du PC, en deviennent les principaux chefs.

Juillet – L'Armée de libération nationale (ELN) est créée en Colombie. Au cours de la décennie suivante, d'autres groupes de guérilla commencent à opérer, notamment le Mouvement du 19 avril (M-19), l'Armée populaire de libération (EPL) et le Mouvement armé Quintín Lame (MAQL).

1965, avril – Un contingent de 130 combattants volontaires cubains dirigé par Ernesto Che Guevara se rend au Congo pour y aider les forces qui combattent le régime pro-impérialiste.

28 avril – Quelque 24 000 soldats américains envahissent la République dominicaine en réponse à un soulèvement populaire contre la junte militaire. Il faudra des mois aux agresseurs pour écraser la résistance à l'occupation américaine.

1975, mai – Le poète et révolutionnaire Roque Dalton, membre de l'Armée révolutionnaire populaire (ERP), l'un des principaux groupes de guérilla du Salvador, est exécuté sur ordre de Joaquín Villalobos et d'autres dirigeants de l'ERP en raison de divergences politiques internes.

Novembre – Le gouvernement cubain envoie des milliers de combattants volontaires en Afrique en réponse à une demande d'aide de l'Angola pour repousser une invasion du régime suprémaciste blanc sud-africain. Cette mission internationaliste de 16 ans s'achève par la défaite des forces sud-africaines lors de la bataille de Cuito Cuanavale et par l'indépendance de la Namibie, colonie de l'Afrique du Sud.

1977, septembre – Le président américain James Carter et le dirigeant panaméen Omar Torrijos signent le Traité du canal de Panama. Les États-Unis remettent au Panama le contrôle du canal le 31 décembre 1999.

1979, 13 mars – Sous la direction de Maurice Bishop, le New Jewel Movement renverse à la Grenade la dictature d'Eric Gairy que soutiennent les États-Unis et initie une révolution dans ce pays des Caraïbes. Des internationalistes cubains se portent volontaires comme ouvriers du bâtiment, travailleurs médicaux et enseignants.

19 juillet – Sous la direction du Front sandiniste de libération nationale (FSLN), les travailleurs et les paysans renversent la dictature d'Anastasio Somoza et initient une révolution populaire au Nicaragua. Washington organise une armée contre-révolutionnaire qui mène une guerre meurtrière, qui est largement défaite en 1987. La direction du FSLN se détourne toutefois de la voie révolutionnaire et en 1990 perd les élections face à ses adversaires capitalistes.

1980, octobre – Inspirés par la révolution nicaraguayenne et les luttes populaires qui se multiplient dans leur pays, les groupes révolutionnaires du Salvador fusionnent pour former le Front Farabundo Martí de libération nationale (FMLN) et mener la guerre contre les régimes soutenus par les États-Unis. Un accord négocié en 1992 met fin au conflit qui stagnait. Le FMLN dépose les armes et est reconnu comme parti politique.

1983, avril – Mélida Anaya Montes (Commandante Ana María), commandante en second des Forces populaires de libération (FPL), une organisation membre du FMLN au Salvador, est assassinée sur ordre du chef du groupe, Salvador Cayetano Carpio. Carpio se suicide quelques jours plus tard.

Octobre – Une faction stalinienne dirigée par Bernard Coard renverse le gouvernement révolutionnaire de la Grenade et assassine Maurice Bishop et d'autres dirigeants et citoyens. La contre-révolution ouvre la porte à une invasion américaine de l'île une semaine plus tard.

Novembre – Jaime Betancur, frère du président colombien Belisario Betancur, est enlevé par une cellule de l'Armée de libération nationale (ELN). Le président cubain Fidel Castro publie deux lettres où il condamne l'enlèvement et appelle à sa libération immédiate, ce que l'ELN fera le 6 décembre.

1984, mars – Le gouvernement Betancur entame des pourparlers de paix avec les FARC, le M-19 et l'EPL. Les pourparlers sont interrompus et repris à plusieurs reprises au cours des années suivantes.

1985, mai – Le Parti communiste et les FARC forment le parti de l'Union patriotique pour se présenter aux élections. L'année suivante, l'UP remporte plusieurs sièges au Congrès, ainsi que des postes municipaux et publiques.

Novembre – Des commandos du M-19 s'emparent du Palais de justice de Bogota et prennent en otage les juges de la Cour suprême. L'armée prend d'assaut le bâtiment. Une centaine de personnes sont tuées, dont des soldats, des guérilléros et 31 otages.

1987 – Les pourparlers de paix sont rompus quand des groupes paramilitaires de droite soutenus par les capitalistes et propriétaires terriens colombiens et leurs cartels de la drogue assassinent quelque 6 000 syndicalistes, dirigeants paysans et membres de l'Union patriotique.

1989, décembre – Sous l'administration de George H. W. Bush, le gouvernement américain ordonne aux forces armées US d'envahir le Panama et de renverser le gouvernement du général Manuel Noriega. Noriega sera extradé aux États-Unis et accusé de trafic de drogue, d'escroquerie et de blanchiment d'argent. Reconnu coupable en 1992, il est condamné à 40 ans de prison.

1989-1991 – Les régimes bureaucratiques d'Europe de l'Est et de l'Union soviétique s'effondrent face à d'énormes soulèvements populaires.

1990, mars – Le gouvernement colombien et le M-19 signent un accord de paix. L'année suivante, le gouvernement colombien conclut un accord avec le Mouvement armé Quintín Lame.

1993, mai – Les FARC se séparent officiellement du Parti communiste, un processus amorcé à la fin des années 1980.

1996, août – Les FARC prennent 60 soldats en otage dans une base militaire. Le groupe poursuit ses enlèvements de groupe pendant plusieurs années.

1998, août – Le président du Parti conservateur Andrés Pastrana annonce de nouveaux pourparlers de paix avec les FARC et demande au gouvernement cubain de faciliter les négociations.

1999, mars – Les FARC reconnaissent avoir tué trois militants amérindiens des États-Unis enlevés le mois précédent. Ces derniers travaillaient en Colombie avec des communautés indigènes. La direction des FARC laisse l'acte impuni. « Il était nécessaire de traduire les auteurs en justice et d'en faire un exemple », écrit Fidel Castro dans le chapitre 8 de *La paz en Colombia*.

2000, août – Les gouvernements américain et colombien lancent le « Plan Colombie », un programme conjoint de lutte contre les stupéfiants et la guérilla.

2001, 11 septembre – Al-Qaida attaque le World Trade Center de New York et le Pentagone. Dans les semaines qui suivent, le gouvernement américain lance une campagne de bombardements massifs et une invasion terrestre de l'Afghanistan.

2002, 23 février – Les FARC enlève Ingrid Betancourt alors qu'elle fait campagne pour la présidence de la Colombie en compagnie de sa directrice de campagne, Clara Rojas.

2008, 1er mars – Commandant en second des FARC, Raúl Reyes est tué au cours d'un raid de l'armée colombienne en territoire équatorien.

26 mars – Mort de Marulanda. Alfonso Cano prend la tête des FARC.

Juillet – Ingrid Betancourt, trois entrepreneurs américains et 11 soldats et policiers colombiens détenus par les FARC sont libérés par l'armée colombienne.

2011, 4 novembre – Le commandant des FARC Alfonso Cano est tué par l'armée colombienne.

2012, novembre – Le gouvernement du président colombien Juan Manuel Santos et les FARC entament des pourparlers de paix, sous l'égide des gouvernements cubain et norvégien.

2016, 23 juin – Les FARC et le gouvernement de Santos signent un accord mettant fin à un conflit armé qui dure depuis des décennies.

24 août – Un accord de paix définitif est conclu avec les FARC.

2019, janvier – Le président Iván Duque suspend les pourparlers avec l'ELN quand le groupe commet un attentat à la voiture piégée contre une académie de police.

2021, janvier – Pour intensifier sa guerre économique contre la révolution cubaine, le gouvernement des États-Unis alors dirigé par l'administration Trump inscrit Cuba sur sa liste des « États soutenant le terrorisme ». Le prétexte invoqué : La Havane a rejeté la demande du gouvernement colombien d'extrader des dirigeants de l'ELN, ce qui aurait violé le rôle de Cuba en tant que garant des pourparlers de paix en Colombie. Cuba a été placé pour la première fois sur cette liste en 1982 et en a été retiré en 2015 par l'administration Obama, dans le cadre du rétablissement des relations diplomatiques entre les États-Unis et Cuba. La Maison Blanche de Biden maintiendra Cuba sur la liste.

2022, août – Le nouveau gouvernement du président Gustavo Petro retire la demande d'extradition de Duque et reprend les pourparlers avec l'ELN.

GLOSSAIRE

Alape, Arturo (1938-2006) – Membre du Parti communiste de Colombie et des FARC. Auteur de biographies de Manuel Marulanda et d'autres ouvrages sur le conflit de la guérilla en Colombie.

Arbesú, José (1940-2020) – Responsable pendant de nombreuses années des relations internationales pour le département des Amériques du Comité central du Parti communiste de Cuba. A représenté la direction cubaine lors de nombreuses réunions avec les dirigeants des FARC.

Arenas, Jacobo (1924-1990) – Dirigeant du travail parmi les paysans du Parti communiste de Colombie. Est également devenu un dirigeant des FARC lors de leur création en 1964.

Baie des Cochons/Playa Girón – Voir la chronologie, avril 1961.

Betancur, Belisario (1923-2018) – Président de la Colombie (1982-1986). Voir la chronologie, 1984.

Cárdenas, Lázaro (1895-1970) – Président du Mexique (1934-1940). A nationalisé l'industrie pétrolière du pays en 1938, avec le soutien d'énormes mobilisations populaires.

Contadora, groupe de – Initiative lancée en 1983 dans le but de résoudre les conflits militaires en Amérique centrale par les ministres des Affaires étrangères de la Colombie, du Mexique, du Panama et du Venezuela lors d'une réunion sur l'île de Contadora au Panama. Le groupe a obtenu le soutien de quelques gouvernements d'Amérique latine et des Caraïbes, dont La Havane.

Dalton, Roque (1935-1975) – Voir la chronologie, mai 1975.

Directoire révolutionnaire – Formé en 1955 par José Antonio Echeverría et d'autres dirigeants de la Fédération des étudiants universitaires pour lutter contre la dictature de Batista. A fusionné avec le Mouvement du 26 juillet et le Parti socialiste populaire en 1961 pour fonder ce qui est devenu le Parti communiste de Cuba en 1965.

Fernández, José Ramón (1923-2019) – Officier de l'armée cubaine, s'est opposé à la dictature de Batista. Emprisonné pour avoir aidé à organiser une conspiration d'officiers contre elle. En avril 1961, a dirigé la principale colonne des Forces armées révolutionnaires de Cuba qui ont défait l'invasion organisée par les États-Unis à Playa Girón.

Front Farabundo Martí de libération nationale (FMLN) – Voir la chronologie, octobre 1980.

Gaitán, Jorge Eliécer (1902-1948) – Voir la chronologie, 9 avril 1948.

Granma – Voir la chronologie, 2 décembre 1956.

Guevara, Ernesto Che (1928-1967) – Né en Argentine, est devenu l'un des principaux dirigeants de la révolution cubaine. A participé à l'expédition du *Granma* en 1956 et a été le premier à être nommé commandant de l'Armée rebelle dans la guerre révolutionnaire. A dirigé une mission de combattants volontaires cubains au Congo en 1965, puis une unité de guérilla en Bolivie en 1966 pour y lutter contre la dictature militaire. Capturé et tué en octobre 1967 par l'armée bolivienne, lors d'une opération dirigée par la CIA.

Internationale communiste (Comintern) – Fondée à Moscou en 1919 sous la direction de Vladimir Lénine. A rassemblé à travers le monde les partis révolutionnaires qui cherchaient à suivre l'exemple de la direction bolchevique de la révolution d'Octobre. À la fin des années 1920, une caste privilégiée dont Joseph Staline était le principal porte-parole avait pris le contrôle du parti et du gouvernement et renversé le cours prolétarien de Lénine, en URSS et ailleurs dans le monde.

Martí, José (1853-1895) – Héros national cubain. Poète et écrivain renommé. A fondé le Parti révolutionnaire cubain en

1892. En 1895, a dirigé la guerre d'indépendance contre la domination coloniale espagnole. Tué au combat.

Martínez Villena, Rubén (1899-1934) – Dirigeant du premier Parti communiste de Cuba dans les années 1930, actif dans l'opposition à la dictature de Gerardo Machado.

« Missiles », crise des, octobre 1962 – Voir la chronologie, octobre 1962.

Moncada, attaque de – Voir la chronologie, 26 juillet 1953.

Mouvement des pays non alignés – Créé à Belgrade en Yougoslavie en 1961. En 1979, comptait 95 gouvernements et mouvements de libération. Cuba en a été le premier membre en Amérique latine. Devenu son président en 1979, Fidel Castro s'est fait le champion de la lutte contre l'exploitation impérialiste des pays coloniaux et semi-coloniaux, pour l'annulation de leur énorme dette extérieure et pour le droit de chaque pays de déterminer son propre système économique et politique.

Mouvement révolutionnaire du 26 juillet – Fondé en juin 1955 par Fidel Castro et d'autres combattants de la Moncada. A fusionné avec le Directoire révolutionnaire et le Parti socialiste populaire pour devenir le Parti communiste de Cuba en 1965.

Parti socialiste populaire (PSP) – Nom adopté en 1944 par le Parti communiste de Cuba pro-Moscou.

Pastor, Robert (1947-2014) – Membre du Conseil de la sécurité nationale du gouvernment américain. Conseiller du président James Carter sur l'Amérique latine (1977-1981).

Pastrana, Andrés (né en 1954) – Président de la Colombie (1998-2002). Voir la chronologie, août 1998.

Période spéciale – Désigne à Cuba la grave crise économique des années 1990, qui a suivi l'effondrement des relations favorables d'aide et de commerce avec l'Union soviétique et les régimes d'Europe de l'Est. Aggravée par la crise capitaliste mondiale et la guerre économique des États-Unis contre la révolution.

Playa Girón – Voir la chronologie, avril 1961.

Reyes, Raúl (1948-2008) – Adolescent, adhère au groupe de jeunesse du Parti communiste de Colombie, puis aux FARC à la fin des années 1970. Est devenu le numéro deux des FARC. Tué lors d'un raid de l'armée colombienne.

Saab, Tarek William (né en 1962) – Homme politique vénézuélien, dirigeant du Mouvement Cinquième République fondé par Hugo Chávez. A occupé divers postes dans les gouvernements de Chávez et de Nicolás Maduro.

INDEX

LA RÉVOLUTION SOCIALISTE À CUBA

Les Première et Deuxième Déclarations de La Havane

Nulle part ailleurs les questions de stratégie révolutionnaire, auxquelles sont confrontés aujourd'hui les hommes et les femmes qui sont en première ligne des luttes dans les Amériques, ne sont abordées avec plus de sincérité et de clarté que dans ces dénonciations intransigeantes du pillage impérialiste et de « l'exploitation de l'homme par l'homme ». Adoptées par des assemblées rassemblant des millions de Cubains en 1960 et 1962. 10 $ US. Aussi en anglais, espagnol, farsi, arabe, grec.

Cuba et Angola : la guerre pour la liberté

HARRY VILLEGAS (« POMBO »)

L'histoire de la contribution exceptionnelle de Cuba à la lutte pour libérer l'Afrique du fléau de l'apartheid. Et comment, en le faisant, la révolution socialiste s'est renforcée à Cuba. 10 $ US. En anglais, espagnol, farsi, grec.

Les Marianas au combat

Teté Puebla et le platon féminin Mariana Grajales dans la guerre révolutionnaire de Cuba, 1956-1958

TETÉ PUEBLA

La femme ayant le rang le plus élevé dans les Forces armées révolutionnaires de Cuba, la brigadière-générale Teté Puebla s'est jointe en 1956 à la lutte pour renverser la dictature soutenue par les États-Unis de Fulgencio Batista, quand elle avait 15 ans. Ce livre raconte son histoire, de l'activité clandestine dans les villes à la direction comme officière de la première unité entièrement féminine de l'armée rebelle victorieuse. 10 $ US. En anglais, espagnol, farsi.

Che Guevara sur l'économie et la politique dans la transition au socialisme

CARLOS TABLADA

Il est essentiel que les travailleurs s'emparent du pouvoir d'État, a dit Ernesto Che Guevara. « Ensuite, il y a la deuxième étape, peut-être plus difficile que la première » : la transition du capitalisme, fondé sur la loi de la jungle, au socialisme. Cette nouvelle édition comprend une sélection augmentée d'écrits de Che Guevara. 17 $ US. En anglais et espagnol.

Cuba et la révolution américaine à venir

JACK BARNES

Ce livre porte sur l'exemple donné par le peuple cubain que la révolution socialiste n'est pas seulement nécessaire, mais qu'elle est possible. Il porte sur les luttes des travailleurs et autres producteurs exploités au coeur de l'impérialisme U.S. et sur les jeunes qu'elles attirent. Il porte sur la lutte des classes aux États-Unis, où les dirigeants au pouvoir sous-estiment les capacités révolutionnaires des travailleurs et des agriculteurs comme ils ont totalement sous-estimé celles des travailleurs et paysans cubains. Et tout autant à tort. 10 $ US. Aussi en anglais, espagnol, farsi.

Le socialisme et l'homme à Cuba

ERNESTO CHE GUEVARA, FIDEL CASTRO

« L'homme atteint réellement sa pleine condition humaine lorsqu'il produit sans être contraint par la nécessité physique de se vendre comme marchandise », a écrit Che Guevara en 1965. 5 $ US. Aussi en anglais, espagnol, farsi, grec.

LA CRISE CAPITALISTE ET LA LUTTE POUR LE POUVOIR OUVRIER

Les premières salves de la troisième guerre mondiale : la guerre contre l'Irak

JACK BARNES

L'assaut meurtrier contre l'Irak en 1990-1991 a annoncé des conflits de plus en plus aigus entre les puissances impérialistes, une instabilité croissante du capitalisme et davantage de guerres. Comprend aussi :

La troisième poussée militariste de Washington par Mary-Alice Waters

Les leçons de la guerre Iran-Irak par Samad Sharif

Dans *Nouvelle Internationale* n° 4. 14 $ US. Aussi en anglais, espagnol, farsi.

Sont-ils riches parce qu'ils sont intelligents ?

Classe, privilège et apprentissage sous le capitalisme

JACK BARNES

Dans les luttes que nous, les travailleurs, mènerons contre les capitalistes, nous changerons peu à peu d'attitude envers la vie, le travail et chacun de nous. Nous découvrirons notre valeur, que nient les dirigeants et les classes moyennes supérieures qui prétendent être riches parce qu'ils sont intelligents. Nous comprendrons dans la lutte ce que nous pouvons devenir. 10 $ US. Aussi en anglais, espagnol, farsi, arabe, grec.

Rébellion Teamster

FARRELL DOBBS

Les grèves de 1934, qui ont obtenu la reconnaissance du syndicat des camionneurs et des magasiniers à Minneapolis, ont contribué à ouvrir la voie au mouvement social de la classe ouvrière qui a construit les syndicats industriels. Le premier de quatre livres d'un dirigeant central de ces batailles et du Parti socialiste des travailleurs (SWP). 16 $ US. Aussi en anglais, espagnol, farsi, grec.

LA VOIE VERS L'ÉMANCIPATION DES FEMMES

Les cosmétiques, la mode et l'exploitation des femmes

MARY-ALICE WATERS,
JOSEPH HANSEN, EVELYN REED

« Les normes de la beauté et de la mode sont inséparables de la lutte des classes », est le chapitre qui ouvre ce livre très actuel consacré à un débat animé qui eut lieu dans les années 1950 dans les pages du *Militant*, un hebdomadaire socialiste. Comment les monopoles de l'industrie cosmétique et de la mode tirent des profits faramineux de l'insécurité sociale des femmes et des adolescents. Pourquoi l'intégration des femmes dans le monde du travail et dans les syndicats constitue une avancée majeure dans la lutte pour leur émancipation. Un classique du marxisme sur l'origine de l'oppression des femmes et la voie à suivre pour la classe ouvrière.

15 $ US. Aussi en anglais, espagnol, farsi, grec.

Les femmes à Cuba : une révolution dans la révolution

VILMA ESPÍN, ASELA DE LOS SANTOS, YOLANDA FERRER

L'intégration des femmes dans les rangs et la direction de la révolution cubaine était étroitement liée au cours prolétarien dirigé dès le début par Fidel Castro. Voici l'histoire de cette révolution et comment elle a transformé les femmes et les hommes qui l'ont accomplie.

17 $ US. En anglais, espagnol, farsi, grec.

CONSTRUIRE UN PARTI PROLÉTARIEN

La lutte contre la haine des Juifs et les pogroms à l'époque impérialiste

Les enjeux pour la classe ouvrière internationale

V. I. LÉNINE, LÉON TROTSKY, FARRELL DOBBS, JAMES P. CANNON, JACK BARNES, DAVE PRINCE

La haine des Juifs et les pogroms, comme celui commis par le Hamas le 7 octobre 2023, font désormais partie des convulsions sociales permanentes et des guerres de l'époque impérialiste. Les auteurs expliquent pourquoi la lutte contre la haine des Juifs est essentielle pour la classe ouvrière et les nations opprimées du monde entier. Et ils répondent à la question : Que faut-il faire pour y mettre fin ? 10 $ US. Aussi en anglais, espagnol, grec.

Malcolm X, la libération des Noirs et la voie vers le pouvoir ouvrier

JACK BARNES

La conquête du pouvoir d'État par une avant-garde de la classe ouvrière politiquement consciente est l'arme la plus puissante dans la lutte contre l'oppression des Noirs, la soumission des femmes, la haine des Juifs et toutes les formes de dégradation humaine héritées de la société de classe. 20 $ US. Aussi en anglais, espagnol, farsi, arabe, grec.

Le tournant vers l'industrie

Forger un parti prolétarien

JACK BARNES

Ce livre porte sur le programme, la composition et le cours prolétariens du seul type de parti qui, à l'époque impérialiste, mérite le nom de « révolutionnaire ». Un parti capable de reconnaître le fait le plus révolutionnaire de cette époque : la valeur de la classe ouvrière et notre capacité de changer la société lorsque nous nous organisons et agissons pour prendre le pouvoir de la classe capitaliste. 15 $ US. Aussi en anglais, espagnol, farsi, grec.

Le creux de la résistance ouvrière est derrière nous

Le Parti socialiste des travailleurs regarde vers l'avant

JACK BARNES, MARY-ALICE WATERS, STEVE CLARK

L'ordre mondial imposé par Washington vole en éclats. Une longue retraite de la classe ouvrière et des syndicats a pris fin. Les patrons et leur gouvernement multiplient les attaques contre nos salaires, nos conditions de travail et nos droits constitutionnels. Ce livre décrit les ouvertures pour construire un parti prolétarien de masse capable de diriger la lutte pour mettre fin à la domination capitaliste et ouvrir un avenir à l'humanité. 10 $ US. Aussi en anglais, espagnol, grec.

En défense du marxisme

Contre l'opposition petite-bourgeoise dans le Parti socialiste des travailleurs

LÉON TROTSKY

Une réponse à ceux qui, dans le mouvement ouvrier révolutionnaire de la fin des années 1930, ont courbé l'échine devant le patriotisme bourgeois alors que Washington se préparait à entrer dans la Deuxième Guerre mondiale. Trotsky explique pourquoi seul un parti qui se bat pour recruter des travailleurs dans ses rangs et sa direction peut maintenir un cours communiste. Ce faisant, il prend la défense des fondations matérialistes et dialectiques du marxisme. 17 $ US. Aussi en anglais, espagnol, farsi.

Le dernier combat de Lénine

Écrits et discours, 1922-1923

V. I. LÉNINE

En 1922 et 1923, V. I. Lénine, le dirigeant central de la première révolution socialiste dans le monde, a livré ce qui allait être son dernier combat politique — un combat qui a été perdu après sa mort. L'enjeu, c'était de savoir si le gouvernement révolutionnaire et le mouvement communiste mondial qu'il dirigeait maintiendraient le cours prolétarien qui avait porté les travailleurs et les paysans au pouvoir en Russie en octobre 1917. 17 $ US. En anglais, espagnol, farsi, grec.

ÉLARGISSEZ VOTRE ARSENAL RÉVOLUTIONNAIRE

Le socialisme en procès

Déposition au procès pour sédition de Minneapolis

JAMES P. CANNON

Le programme révolutionnaire de la classe ouvrière, présenté en cour fédérale en 1941, à la veille de l'entrée des États-Unis dans la Deuxième Guerre mondiale. Les accusations de « conspiration séditieuse », fabriquées de toutes pièces, visaient des dirigeants du Parti socialiste des travailleurs. 15 $ US. Aussi en anglais, espagnol, farsi.

L'émancipation des femmes et la lutte de libération de l'Afrique

THOMAS SANKARA

« Il n'y a pas de véritable révolution sociale sans la libération des femmes, » explique le dirigeant de la révolution de 1983-1987 au Burkina Faso. 5 $ US. Aussi en anglais, espagnol, farsi.

Maurice Bishop parle

La révolution de Grenade et son renversement, 1979-1983

Le triomphe de la révolution de 1979 dans l'île caribéenne de la Grenade, sous la direction de Maurice Bishop, a donné de l'espoir à des millions de personnes à travers les Amériques. Des leçons inestimables tirées du gouvernement des travailleurs et des agriculteurs, détruit par une contre-révolution menée par des staliniens en 1983. 20 $ US. En anglais.

En défense du socialisme

Quatre discours prononcés en 1989 lors du trentième anniversaire de la révolution cubaine

FIDEL CASTRO

Non seulement le progrès social est possible lorsqu'on se libère des relations d'exploitation du capitalisme, affirme le dirigeant cubain, mais la révolution socialiste est la seule voie pour l'avenir de l'humanité. 12 $ US. En anglais et grec.

Le Manifeste communiste

KARL MARX ET FRIEDRICH ENGELS

Le communisme, disent les dirigeants qui ont fondé le mouvement ouvrier révolutionnaire, n'est pas un ensemble d'idées ou de principes préconçus. C'est plutôt la marche de la classe ouvrière vers le pouvoir, telle qu'elle surgit d'un « mouvement historique qui s'opère sous nos yeux ». 5 $ US. Aussi en anglais, espagnol, farsi, arabe.

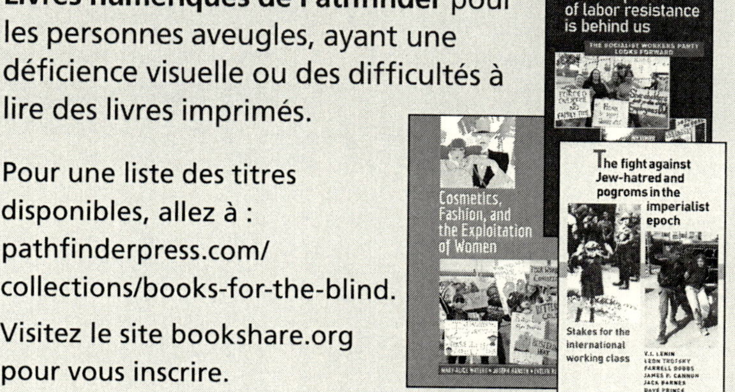